꼭꼭 묻어둔 이야기

꼭꼭 묻어둔 이야기
나의 스승 일엽스님

월송스님 구술 | 조민기 정리

민족사

발간사

달빛에 물든 나뭇잎 하나에,
온 우주를 담다

일엽 선사禪師는 근대 한국불교의 비구니 선지식이자 그 시대에 유일하게 자신의 저작을 남긴 불교 문화인이다.

스님은 만공 선사의 문하에 귀의한 이후 오직 죽비 하나만을 들고 입승직을 맡아 선문의 청규를 지키며 수행하셨다. 생전에 '견성암 비구니 총림 선원 설립'이라는 대역사를 대중과 함께 이루었으며, 만년에는 절필을 거두고 〈어느 수도인의 회상〉(1960), 〈청춘을 불사르고〉(1962), 〈행복과 불행의 갈피에서〉(1964) 등 저작을 남겼다. 입적하신 후, 최초의 비구니장으로 영결식이 거행되었다.

선사의 유지를 정리해야 한다는 공론에 따라 당시 종정이셨던 서옹 큰스님께서 간행위원회 대표를 맡았다. 수덕사 방장이셨던 원담스님을 비롯하여 혜암, 춘성, 벽초, 대은스님과 재가자 박종화, 김팔봉, 유광열, 박인덕, 황신덕, 박순천, 백성욱, 최은희, 정일형 씨 등이 간행위원을 맡아 일엽 선사의 입적 3주기를 맞은 1974년 11월, 김일엽 문집 〈미래세가 다하도록〉 상, 하권이 출간되었다. 세월이 흐르며 유고집 〈미래세가 다하도록〉은 희귀본이 된 것은 애석한 일이다.

유고집 출간 십여 년 후, 덕숭총림 수덕사 환희대를 본사로 일엽 문중의 4대손으로 출가한 것은 어쩌면 숙세宿世의 인연이라 하겠다. 출가 이후 40여 년 동안 일엽 문중의 일원으로 수덕사 덕숭 가풍에 따라 수행하며 스승님들께 들을 수 있었던 아름다운 기억들이 있다. 날 선 수행 생활에도 가슴 한켠에 담박한 따뜻함을 품을 수 있었다.

어떤 것은 불가설不可說 이었고, 세월이 지나면 묻혀 사라질 것들이었다. 그 가운데는 '그렇게 묻혀서는 안 되는 이야기'가 있었다. 바로 두 스승인 월송, 정진 스님의 이야기다. 더 늦기 전에 기록으로 남겨 드리고 싶었다. 한국불교 역사에 우뚝 선 비구니 수행자 일엽선사의 성성惺惺한 가르침이 전집으로 나왔으니, 이제는 월송, 정진 두 스승님 가슴속에 간직해온 일엽 노스님과의 따사로운 추억을 꺼내 드릴 차례인가 하였다.

책을 기획하고 나오기까지 쉽지 않은 과정이 있었다. 때로 좋지 않은 컨디션에도 불구하고 작가와의 인터뷰에 응해 주신 두 스승님과 부족한 자료에도 불구하고 문도의 입장을 수용하고 조율해준 조민기 작가에게 감사한다. 아울러 이와 같은 시절 인연을 이어주신 현 대한불교조계종 중앙종회 의장 주경스님께 깊은 감사의 예를 올린다. 이제 독자와 만나게 될 이 책이 행여 일엽선사(상노스님)의 선지禪旨와 월송, 정진 두 분 스승의 가르침에 누가 되지는 않을까 하여 조심스러운 마음이다. 다만 일엽 상노스님의 따뜻한 법문과 월송, 정진 두 스님의 올곧은 일상 수행이 잘 전달되기를 소망할 뿐이다.

성성하고 따사로운 일엽 문중의 가르침이 모두에게 닿기를 발원하며, 평소 좋아하는 〈행복과 불행의 갈피에서〉의 한 구절을 공양 올린다.

나의 고향인 공空으로 돌아가라.
공은 나다.
나에게는 없는 것, 못 하는 것도 없다.

불기 2568년(서기 2024년) 6월
일엽 문중 4대손 경완景完 근서謹書

추천사

아는 것 같지만 몰랐던,
일엽스님의 이야기

정형화된 경전의 가르침을 너머 부처님 당시의 현실과 제자들에 대한 만남은 불교에 대한 새로운 지평을 열어주면서 즐거움을 준다. 기사와 책 또는 전해지는 말씀으로 접할 수 있을 뿐, 그분들에 대한 구체적이고 직접적인 정보를 만나기는 쉽지 않다.

일엽스님도 그런 분이다. 유고집 〈미래세가 다하고 남도록〉 외에 일엽스님의 직접 저술이 몇 권 전해지고 있지만 이 외에 일엽스님의 일상과 인간적인 모습을 알 수 있는 자료들이 많지 않다.

   수덕사 출가자로서 일엽스님과 그 제자들에 대해서 더 알고 싶은 마음이 생겼다. 그래서 생각하게 된 것이 일엽스님을 가까이 모셨던 제자들의 수행자로서의 삶과 음성을 모아보도록 하는 것이었다. 마침 김일엽문화재단 부이사장 소임을 맡고 있는 경완스님이 흔쾌히 마음을 내고, 부처님의 제자들에 대한 다양한 글을 쓴 역량 있는 조민기 작가의 인연이 모여 〈꼭꼭 묻어둔 이야기-나의 스승 일엽스님〉이 만들어지게 되었다.

  인터뷰 주인공인 비구니 정진스님과 월송스님은 스승 일엽스님을 수행자로서의 면모를 누구보다 잘 안다고 생각한다. 후덕한 경희 노스님도 생전의 모습이 생생하다. 일엽스님을 누구보다 가까이 오랜 시간 성심으로 모셨던 분들이다. 이분들의 선지식 시봉侍奉으로 일엽스님을 다시 알아볼 수 있기를 바란다.

  수덕사는 대한민국에서 가장 비구, 비구니스님들이 화합하고 협력을 잘하는 도량으로 알려져 있다. 그 대표적인 이유가 만공선사 문하에 일엽스님을 비롯한 한국불교를 대표하는 비구니 선지식들이 배출된 까닭일 것이다. 수덕사는 가히 한국 비구니승단의 종가라고 해도 과언이 아닐 것이다.

잘 안다고 생각하지만 잘 모르는, 그래서 더 많이 알고 싶은 일엽스님과 제자들의 이야기가 이 책에 담겨있다. 더 나아가 큰스님의 그늘에서 시봉하며 수행하는 스님들의 삶의 일면을 비추어볼 좋은 기회가 될 것이다. 이제는 원로의 반열에 오르신 일엽 큰스님의 제자 정진스님과 월송스님께 찬탄과 감사의 예를 드린다.

                                          대한불교조계종 중앙종회의장 주경

작가의 말

어느 날의 농담 혹은 선문답^{禪問答}

지나간 세월이 아쉬운 이유는 무엇일까. 시시각각 변하는 마음과 달리 시간은 변함이 없고, 때로는 한없이 게을러지는 마음과 달리 시간은 한결같이 부지런하기 때문일 것이다. 그래서 우리는 세월에 흘려보낸 마음 중 마지막까지 잊히지 않는 또렷한 기억만은 간직하려고 노력하게 된다. 일엽스님에 대한 월송스님의 기억이 그렇다.

이 책에는 수행자 일엽스님이 말년에 환희대에서 머무셨던 시절, 다시 글로 포교를 하셨던 이야기 그리고 견성암에서 입적에 드신 후 최초의 전국 비구니장으로 치러졌던 장례식까지 그동안 우리가 알지 못했던 일엽스님의 이야기가 담겨있다. 노스승을 곁에서 모셨던 손상좌 월송스님이 들려주신 일엽스님의 이야기는 따뜻한 감동과 서늘한 경책 그리고 감히 흉내조차 내기 어려운 선지식으로서의 풍모가 가득하다. 스승을 향한 월송스님의 기억은 일엽스님을 바라보는 가장 아름답고 감동적이며 뭉클한 시선이다.

일엽스님의 이야기를 담기 위해 몇 차례 수덕사와 환희대를 방문했다. 월송스님이 들려주신 이야기를 들으며 역사 속의 막연했던 한 인물이 서서히 수행자 일엽스님으로 그려졌다. 환희대의 툇마루며, 작은 앞마당에 그토록 많은 이야기가 숨어 있으리라고는 생각지 못했다. 월송스님이 들려주신 그 시절 견성암, 환희대, 수덕사의 이야기들은 마치 소중히 간직해온 보물 보따리를 풀어놓은 것처럼 따뜻하고 아름다웠다.

환희대를 세 번째 방문하던 날이었다. 출입을 금하는 줄을 걸어놓은 곳까지 한 남자가 걸어왔다. 그러더니 함께 걷던 경완스님을 붙잡고 물었다.

"여기가 그 유명한 비구니 스님이 있던 곳 맞죠?"

"네, 거사님. 일엽스님을 말씀하시는 거라면 맞습니다."

"지금도 계신가요?"

"오래전에 돌아가셨습니다."

"그 스님한테 아들도 있다고 하던데, 맞나요?"

"……."

등산복을 입은 남자의 눈은 호기심으로 반짝거렸다. 이내 남자에게 '아직도 그런 소문을 믿고 스님께 질문을 하느냐?'고 따져 묻고 싶었다.

원하는 답을 정해놓고 던지는 질문이 그토록 무섭다는 것을, '소문의 힘'이 참으로 강력하다는 것을, 그때 온몸으로 느꼈다. 애써 웃으며 대답을 마치고 환희대로 향하는 경완스님을 뒤따르며 생각했다. 지난 세월, 일엽스님의 제자 스님들께서는 이런 소문과 오해에 얼마나 시달려온 것일까. 그제야 비로소 일엽스님을 곁에서 모시고 스승의 마지막을 함께했던 월송스님이 전해주는 이야기에 담긴 무게를 실감했다. 들은 모든 이야기를 제대로 담아내야겠다고 다짐했다.

월송스님 역시 젊은 시절에는 스승 일엽스님이 받는 세간의 오해와 시선이 억울했었노라 말씀하셨다. 일엽스님은 자신을 둘러싼 오해에 대해 알고는 계셨으나 단 한마디 변명도 하지 않았다.

그날 인터뷰를 마치기 전, 월송스님은 문득 일엽스님과 허영숙 여사가 함께 나누었던 대화를 떠올리며 이야기를 해주셨다. 허영숙 여사는 춘원 이광수의 부인이었고, 춘원 이광수는 스님에게 '일엽一葉'이라는 필명을 지어주었다. 세 사람은 눈부신 청춘이었던 일본 유학 시절에 처음 만났다.

일엽스님의 룸메이트였던 허영숙 여사는 당시 문학가로 이름을 날리고 있던 춘원 이광수를 연모하고 있었다. 스님은 홀로 가슴앓이를 하는 친구를 위해 연애편지를 대신 써주었고, 허영숙 여사의 이름으로 전해진 편지를 읽은 춘원 이광수는 글솜씨에 놀랐다. 결국 두 사람은 사랑에 빠져 결혼하였고, 편지를 대필한 사람이 스님이라는 것을 알게 된 것이다.

그로부터 수십 년이 흐르고 일엽스님은 출가 수행자가 되었고, 춘원 이광수는 납북되고, 허영숙 여사는 홀로 남았다. 스님과 허영숙 여사는 서로가 겪어온 인생의 아픔과 괴로움을 묵묵히 이해하는 친구였다. 어느 날 일엽스님은 허영숙 여사를 만났을 때, 질문을 던졌다.

"여보게, 남편이 그렇게 납치되어서 어떻게 사는가?"

그러자 허영숙 여사는 담담하게 말했다.

"만일 아들이 납치되었으면 못 살았지. 그래도 남편이 납치되었으니 살았지."

"그렇군"

짧은 대화를 주거니 받거니 마친 두 분은 마주 보며 빙그레 미소를 지었다. 깊은 상처였을 긴 고통의 시간을 마치 농담처럼 주고 받았다. 세상에서는 여전히 일엽스님이 춘원 이광수에게 실연하고 비구니가 된 것이라는 소문이 파다했을 때였다.

그 자리에 함께 있던 월송스님은 두 분의 대화를 들으며 세간의 소문이 얼마나 부질없는 것인가를 느꼈다. 동시에 일엽스님과 허영숙 여사의 대화가 '선문답' 같다는 생각이 들었다고 한다.

이 책은 일엽스님의 제자이자, 오랜 시간을 곁에서 모시며 함께 손상좌 월송스님이 들려주신 이야기를 정리했다. 세간이 아닌 출세간에서 바라본 수행자 일엽스님에 대한 유일한 책이다. 월송스님이 마음속에 '꼭꼭 묻어둔 이야기'를 하나둘 꺼내 들려주실 때마다 귀한 보물을 발견한 것처럼, 반갑고 놀랍고 기뻤던 마음도 함께 담았다.

소문과 거짓말은 솔깃하다. 하지만 꾸며낸 이야기는 진실 앞에서 힘을 잃는다. 진실에는 억지로 만들어 낼 수 없는 감동이 있기 때문이다. 이 책은 한마디의 변명도 하지 않은 채 가슴속에 간직해온 진실이다. 한없이 인간적이면서 동시에 초인적인 힘으로 수행했던 일엽 스님의 모습을 발견하게 되기를 바란다.

불기 2568년 5월 19일

조민기

차례

발간사 경완스님(김일엽문화재단 부이사장)
추천사 주경스님(대한불교조계종 중앙종회 의장)
작가의 말 어느 날의 농담 혹은 선문답禪問答

프롤로그 "봐라, 스님께서는 자유자재하셨다. 조사열반하셨구나!" – 22

1부 일엽 김원주

소녀 시절 – 32 ｜ 여자라고 종노릇만 해야 하오? – 33
천지에 외톨이 되다 – 35   아버지의 재혼과 죽음 – 37
결혼 그리고 '일엽一葉' – 39   최초의 여성잡지 〈신여자〉 그리고 이혼 – 41
'참 다행한 일' – 45   운명처럼 나타난 'B' – 49
여자 김원주에서 인간 김일엽으로 – 52

2부 비구니 일엽

내가 나의 주인이 되어라! – 58 금강산 마하연에서 – 61
다투지 않고, 변명하지 않는다 – 66 기쁨의 노래 – 70
불도佛道를 닦으며 – 76

3부 일엽스님과 제자들

만공스님이 맺어준 인연, 경희스님 – 82 정진스님의 인욕바라밀 – 86
집을 떠나다, 월송스님의 출가 – 90 올깍이와 늦깍이 – 94
환희대, 휘영청 달빛이 좋고도 좋도다! – 99
월송月松, 소나무에 달이 뜨면 금상첨화지! – 104

4부 인연

글을 아주 단념할 수가 있겠는가? – 110 '입승스님, 입승스님' – 116
낡은 보따리 속 종이 뭉치 – 121 일엽스님의 편지 1 – 125
백성욱 박사의 전생 이야기 – 128 출가를 꿈꾸던 여고생 – 137
승복을 입은 대학생 – 140

5부 소문과 거짓말

이제야 인정하네! – 148 일엽스님의 편지 2 – 151
일엽스님의 편지 3 – 153 호들갑 떨 것 하나 없다 – 158
수덕사의 여승 – 163 유전자 검사를 해보시지요! – 166
가장 오래 남는 것은 사랑, 그리움 – 175

6부 견성암 불사 이야기

대통령에게 보낸 편지 – 184 포교 법극 〈이차돈의 사死〉 – 192
신라 최초의 순교자, 이차돈 – 196 월송스님은 신라 화랑의 후신 – 198
수덕사의 통알 – 204

7부 열반을 향하여

일엽스님의 초상화 이야기 – 212 완전한 열반 – 215
한 줌의 유골 – 218 최초의 비구니 선사 – 220
미래세를 위한 김일엽문화재단의 설립 – 225

8부 영화 〈비구니〉

월송스님과 배우 김지미의 인연 – 234 반세기가 지나서야 – 237
일타스님의 중재, 극적인 화해와 화합 – 243 천하의 몹쓸 비구니 – 247

에필로그 나의 스승 일엽스님 – 254
새 문집을 펴내며 〈일엽선문〉 후기 – 259

정말 잠깐이다.

그러니 방일放逸하지 말고 공부 열심히 하거라.

프롤로그

봐라, 스님께선 자유자재하셨다.
조사 열반하셨구나!

1970년 11월 말, 금생의 몸을 벗어버릴 날이 얼마 남지 않았음을 안 일엽스님은 주변을 정리했다. 건강이 나빠진 후 수년간 주석해 온 환희대에서 견성암으로 거처를 옮겼다. 수행 정진하는 대중 스님의 처소에서 입적하겠다는 일엽스님의 의지를 누구도 막을 수 없었다. 월송스님은 일엽스님을 등에 업고 견성암 별실로 향했다. 마지막까지 일엽스님은 경희스님의 시봉을 받으셨고, 월송스님과 정진스님은 환희대와 견성암을 오갔다.

그렇게 두어 달이 지나고 1971년 음력 1월 1일 새해 첫날이 되었다. 설날을 맞아 산중이 오랜만에 떠들썩하던 그때, 수인 노스님이 월송스님에게 일엽스님이 많이 편찮으신 것 같다고 전했다. 월송스님은 한달음에 견성암으로 달려갔다. 하지만 헐레벌떡 달려온 것이 무색하게 일엽스님은 고요하게 누워 계셨다.

감기가 드신 걸까. 월송스님은 체온을 재야겠다고 생각했다. 옆으로 누워 계시던 일엽스님이 마침 체온계를 건네주셨다. 그런데 빨간 눈금이 40도에 육박하는 것이 아닌가! 체온계의 숫자에 스님의 마음은 철렁했지만 일엽스님은 평온했다. 이상하다 싶은 생각에 월송스님은 다시 일엽스님의 맥박을 살폈다. 맥이 가파르게 빨랐다. 고열에 맥박까지, 보통 사람이라면 정신을 놓고도 남을 정도다. 일엽스님의 안색을 다시 살폈다. 고통에 일그러져 아프거나 힘든 기색은커녕 호흡은 차분하고 정신은 또렷했다.

월송스님은 놓친 것이 있는지 거듭 살폈다. 가만히 보니, 따뜻한 아랫목에 누워계셔서 그 열기에 체온이 높았던 것이 아닐까. 고열은 아니로구나, 싶어 가슴을 쓸어내리는 순간이었다. 일엽스님이 갑자기 가쁜 숨을 몰아쉬기 시작했다. 월송스님은 얼른 판피린을 스님께 드렸다. 한 모금 겨우 넘기시고는 반병이 넘게 남기시는 모습에 월송스님은 마음이 무거워졌다. 내색하지 않으셨지만 일엽스님의 몸이 많이 편치 않으신 것 같았다. 그때, 문득 일엽스님이 월송스님에게 물었다.

"월송아, 니 나이가 몇이냐? 너하고 나하고 나이가 얼마나 차이가 나느냐?"

일엽스님은 일흔여섯이었고, 월송스님이 서른을 넘긴 지 서너 해가 지났을 무렵이었다.

"43년입니다, 노스님"

"가까우냐 머냐?"

"한참 멀지요, 노스님"

하늘 같은 스승의 물음에 월송스님이 생각대로 대답하자 일엽스님은 잔잔히 웃으며 말씀하셨다.

"아니다. 멀지 않다. 잠깐이니라."

그리고는 단호하게 다시 한번 말씀하셨다.

"정말 잠깐이다. 그러니 방일放逸하지 말고 공부 열심히 하거라."

그때 스님들은 일엽스님의 건강이 심상치 않다는 소식을 듣고 마당에 모여 웅성대고 있었다. 밖의 소란스러움에 일엽스님이 물었다.

"저 사람들은 왜 다 모여 있느냐?"

"노스님이 걱정되어서 모였습니다."

대중이 모였다는 소리에 일엽스님은 카랑카랑한 음성으로 힘주어 말씀하셨다.

"남 걱정할 시간이 어디 있느냐? 가서 정진하시라고 여쭈어라!"

일엽스님의 음성에 대중들은 흩어졌고, 더는 말씀이 없으셨다. 고요해진 견성암에서 한참을 스님 곁에 머물던 월송스님은 통알을 하러 나섰다. 통알은 설날 역대 부처님과 조사님들께 세배를 올리고 대중 스님들이 다 함께 세배를 올리는 의식이다. 통알이 끝나면 산중의 모든 스님이 모여서 장기를 선보인다. 한바탕 재미난 시간을 보내며 한 해를 시작하자는 의미로 만공스님 때부터 내려온 수덕사의 전통이 되었다. 이처럼 화기애애하고 즐겁게 새해를 맞이하는 수덕사의 분위기에 흠뻑 반하여 멀리서 설을 쇠러 오시는 스님들도 많았다. 그해는 조계종 총무원장을 지내셨던 법장스님이 오셨다. 세배도 드리고, 장기도 선보이고, 노래도 부르며 명절답게 떠들썩한 설을 보냈다. 그렇게 오후가 지나고 문중의 스님들도, 찾아오신 손님들도 깊이 잠든 밤, 자정이 넘은 시각 월송스님도 까무룩 잠이 들었다.

그런데 꿈속에서 매미들이 너무나 시끄럽게 울어대는 것이 아닌가. 월송스님은 시끄러운 매미 소리 가운데 커다란 여왕 매미를 찾았다. 여왕 매미를 잡아 마치 관처럼 보이는 나무 상자에 넣었다. 그러자 매미들이 일시에 조용해졌다. 허리를 펴고 둘러보니 사방에 가을 국화가 가득했다. 스님은 국화를 묶어 나갔다. 한참이나 묶어도 도무지 끝이 나지 않았다. '아이고' 소리가 절로 나오는 순간, "환희대! 환희대!" 하는 외침과 함께 누군가 문을 두드렸다. 새벽 1시가 막 지나자마자 수인 노스님이 급히 월송스님을 찾은 것이었다.

"얼른 견성암으로 가보게. 노스님께서 열반하신 것 같아."

수인스님의 말씀에 월송스님은 가슴이 요동치고 다리는 후들거렸다. 캄캄한 밤, 얼어붙은 산길을 달려 정신없이 견성암으로 향하는 내내 다리는 덜덜 떨려서, 어떻게 갔는지 알 수 없었다. 조심스럽게 견성암 별실 문을 열었더니 이미 일엽스님께서는 열반에 드신 후였다. 찰나에 열반의 순간을 목격한 경희스님은 불과 몇 분 전, 일엽스님께서 맑은 정신으로 이렇게 말씀하셨다고 전했다.

"나 좀 뉘어 줘"

경희스님이 얼른 이불을 펴자 일엽스님이 다시 말씀하셨다.

"좀 반듯하게 해"

별다를 것 하나 없이 평범했다. 경희스님은 반듯하게 앉아계신 일엽스님의 모습을 보면서 어쩐지 마음이 떨렸다. 스님은 애써 불안한 마음을 감추며 일엽스님께 여쭸다.

"스님, 마실 것 좀 드릴까요?

"응, 그래"

불안감이 무색할 정도로 태연한 대답이었다. 순간 안도한 경희스님은 별실과 연결된 장지문을 열고 배즙이 섞인 차가운 물 한 그릇을 가져왔다. 방금까지 깨어계셨는데, 일엽스님은 기척이 없었다. 비스듬히 누운 편안한 얼굴에는 은은한 미소가 어려 있었다. 잠드신 건가, 살짝 잡아본 손에 서늘함이 느껴졌다. 그렇게 일엽스님은 홀로 열반에 드셨다. 1971년 양력 1월 28일 새벽 1시가 조금 넘은 시각이었다.

장지문 하나, 문지방을 사이에 두고 생사 열반의 찰나가 지나갔다. 일엽스님은 당신이 입적하실 날과 시간을 알고 계셨던 것처럼 분명한 정신으로 열반에 드셨다. 스님이 일생에 거쳐 완성한, 아름답고 신비한 순간이었다. 그 순간을 목격한 경희스님은 갑자기 아득해졌다. 꿈인가 생시인가, 멍한 채 있던 경희스님을 깨운 분은 수덕사 방장이셨던 벽초스님이셨다. 일엽스님의 열반을 감지하셨을까. 별실 문을 열고 들어오신 벽초스님은 일엽스님을 뵙자마자 작게 탄성을 터트렸다.

"봐라, 스님께선 자유자재하셨다. 조사 열반을 하셨구나!"

차마 별실을 나설 생각조차 못한 채 경희스님은 망연자실했다. 월송스님은 벽초스님의 탄성에 실린 '열반'에 정신이 번쩍 들었다. 그제야 일엽스님의 열반이 실감이 났다. 하늘이 무너진 듯 눈앞이 캄캄한 월송스님의 귀에도 '조사 열반'이라는 말이 깊이 들어왔다.

'그렇구나, 우리 스님은 당신이 가실 것을 아시고 맑은 정신으로 열반의 반야용선에 오르셨구나.'

가슴으로는 담담히 받아들이려고 했으나 하염없이 눈물이 흘렀다.

세수 76세, 법랍 43세로 열반에 드신 일엽스님의 장례식은 1971년 (불기 2515년) 2월 1일 오전 10시 수덕사에서 한국 최초의 전국 비구니장으로 거행되었다. 오후 1시에 봉행된 스님의 다비식에는 춘성스님, 청담스님, 대은스님, 서옹스님, 혜암스님, 벽초스님 등 전국 각지의 스님들이 참석하였다. 한 시대를, 한 세대를 관통했던 아이콘이자 수행자 일엽스님은 은은한 미소를 띠운 채, 자유자재한 완벽한 행복에 들었다.

1부. 일엽 김원주

어렸을 때부터 나의 인생은 나에게 잔혹했습니다. 소녀 적에 부모를 잃고 형제들과 영별한 나는 철부지로 청춘을 맞아 개성이 눈 뜰 새도 없이 아버지뻘 되는 이와 이해 없는 결혼을 했습니다. 시집가는 전날 강아지한테 시집간다고 자랑한다는 말도 있듯이 나도 뭣이 뭣인지도 모르면서 신나 했었습니다.

소녀 시절

김원주의 아버지 김용겸金用兼은 평안남도 용강 출신으로 어려서는 한학을 공부하고 향교의 향장을 지낸 유학자였다. 하지만 기독교로 개종하여 예수교의 독실한 목사가 되었다. 5대 독자였던 김용겸은 일찍 혼인하였으나 사별하고 스물두 살의 나이에 이마대李馬大와 재혼하였다. 열일곱 살에 집안의 강요로 상처한 홀아비와 혼인한 이마대 여사에게는 사랑 없는 결혼이었다. 하지만 결혼 후 오히려 금실이 좋았다고 한다.

1896년 6월 9일(음력 4월 28일) 김용겸 목사와 이마대 여사의 첫 딸이 태어났다. 결혼 6년 만에 얻은 첫 자식이었으니 눈에 넣어도 아프지 않은 금지옥엽이었다. 5대 독자 집안의 첫째로 태어났고, 밑으로 남동생들이 줄줄이 생겼다. 복덩이처럼 귀한 첫딸이 바로 김원주金元周, 일엽스님이다.

여자라고 종노릇만 해야 하오?

이마대 여사는 딸을 '열 아들 안 부러운 대장부로 키우겠다'고 다짐했다. 집안의 강요로 억지로 혼인해야 하는 억울한 일을 겪지 않게 하리라 결심했다. 조선에서 여자로 태어났다면 응당 배워야 할 집안일을 가르치지 않았다. 외할머니와 이모들이 '계집아이를 가르치지 않고 뛰어다니게만 두고, 시집보낼 옷가지 하나도 장만하지 않으면 어쩔거냐'고 묻자 이마대 여사는 이렇게 말했다.

"여자라고 바리바리 싣고 가서 종노릇만 해야 하오?"

어떻게 키워야 딸이 대장부가 될 수 있는지는 이마대 여사는 알지 못했다. 다만 여자도 일단 배워야 한다는 것이 여사의 생각이었다. 조선에서 어린 여자아이가 공부할 수 있는 곳은 거의 없었다. 여사는 딸 김원주를 서당에 보내 글을 가르쳤다. 하지만 남동생들이 줄줄이 태어나면서 공부를 계속하기 어려워졌다.

넉넉하지 않은 빠듯한 살림에도 이마대 여사는 집과 땅을 다 팔아서라도 딸을 대학까지 공부시켜주겠노라 약속했다. 하지만 학교는커녕 어린 동생을 보살펴야 하는 것이 현실이었다. 비슷한 형편이었으나 학교에 다니던 동네 동생 윤심덕이 부러웠던 김원주는 동생을 업고 윤심덕과 함께 교장 선생님을 만나 마침내 학교에 다닐 수 있었다. 어머니의 응원과 친구의 도움 그리고 스스로 길을 찾아낸 굳은 의지와 용기 덕분이었다.

천지에 외톨이 되다

신식 학교에 다니는 '여학생' 딸은 이마대 여사의 자랑이었다. 하지만 김원주가 소학교를 졸업하던 해, 이마대 여사는 출산 중 세상을 떠났다. 태어나자마자 어머니를 잃은 갓난쟁이 동생도 사흘 후 세상을 떠났다. 서른다섯의 젊은 나이로 허망하게 눈을 감은 어머니와 태어난 지 얼마 되지도 않아 세상을 떠난 동생의 죽음을 김원주는 감당할 수 없었다. 차마 입 밖으로 소리 내어 말할 수 없는 아픔과 슬픔으로 시를 썼다. 김원주가 12살에 쓴 〈동생의 죽음〉은 최초의 근대시로 알려진 최남선의 〈해에게서 소년에게〉보다 1년 먼저 발표된 '한글 자유시'다.

〈동생의 죽음〉

업으면 방글방글
내리면 아장아장

귀여운 내 동생이

어느 하루는

불 때논 그 방에서도

달달달 떨고 누웠더니

다시는 못 깨는 잠 들었다고…

엄마 아빠

울고 울면서

그만 땅속에 영영 재웠소.

땅 밑은 겨울에도

그리 춥지 않다 하지만…

아아, 가여운 나의 동생아!

언니만 가는 제는

따라온다 울부짖던

그런 꿈꾸면서 잠자고 있나?

내 봄에 싹트는 움들과 함께

네 다시 깨어 만난다면이야

언제나 너를 업어

다시는 언니 혼자

가지를 아니하꼬마

아버지의 재혼과 죽음

막막한 슬픔을 견디던 김원주는 진남포 삼숭여자중학교에 진학하였다. 하지만 어머니가 돌아가신 지 일 년 후 아버지가 재혼한다. 계모 한은총은 의병장 정원모의 며느리로 남편 정기찬과의 사이에서 두 아들 정신형, 정일형을 낳고 살았다. 하지만 남편과 시아버지가 연달아 세상을 떠나자 두 아들 중 막내 정일형만 데리고 김용겸 목사와 재혼한다. 한창 감수성이 예민할 나이, 어머니의 죽음과 아버지의 재혼은 상처였다. 게다가 중학교를 마치기도 전, 세 남동생마저 모두 세상을 떠나면서 김원주는 어머니 이마대 여사가 세상에 남겨놓은 유일한 자식, 유일한 딸이 되어버렸다.

이때부터 이마대 여사가 생전에 입버릇처럼 말했던 '딸을 열 아들 부럽지 않은 대장부로 키우겠다'는 말은 훗날 스님이 세상을 살아가는 가장 중요한 이유이자 동력이 되었다. 하지만 중학교를 졸업한 김원주를 기다리고 있는 것은 결혼이었다.

중학교를 졸업하고 고향에 돌아왔을 때 이미 혼담이 들어와 있었던 것은 자연스러운 일이었다. 하지만 김원주는 외할머니의 도움으로 이화학당에 입학, 공부를 계속한다. 집과 땅을 팔아서라도 딸을 공부시켜주겠다던 어머니 이마대 여사의 약속을 외할머니가 지켜준 것이다. 그렇게 다시 고향을 떠나 서울에서 이화학당을 막 다니기 시작했을 때, 아버지 김용겸 목사가 세상을 떠났다.

고향으로 돌아가 아버지의 초상을 마친 후 외가로 가자 외할머니는 손녀를 부둥켜안으며 눈물을 흘렸다. 김원주는 망연자실하게 마당에 쪼그려 앉아 땅바닥에 있는 돌멩이를 말동무로 삼으며 시간을 보내곤 했다. 사무치는 외로움이었다. 외할머니는 가슴을 부여잡고 눈물을 흘리며 한탄했다.

"네 어미가 눈먼 딸 하나만 더 낳아 놓고 죽었어도 형이야 아우야 서로 불러 볼 것이 아니냐. 너는 바위틈에서 자라는 옹이 솔이냐, 땅에서 뽑은 무 밑둥이냐? 천지에 외톨이로 돌아다니는 꼴을 어찌 보느냐?"

1913년, 열일곱 살의 김원주는 가족을 모두 잃고 혼자가 되었다. 부모님이 남겨준 재산은 단 하나, 대학 공부까지 해서 열 아들 부럽지 않은 대장부가 되어야 한다는, 어머니 이마대 여사의 유언 같은 다짐뿐이었다. 김원주는 어머니의 말을 가슴 깊이 품었다. 훗날 아무도 가지 않은 험난한 길을 기꺼이 걸었다.

결혼 그리고 '일엽一葉'

이화학당 시절, 김원주는 사무치는 슬픔과 외로움을 딛고 세상에 나아갈 꿈과 희망을 키워나갔다. 그녀의 곁에는 저마다 재능을 가진 친구들이 있었다. 서로 응원하고, 치열한 논쟁을 하며 새로운 미래를 꿈꿨다.

1918년 이화학당을 졸업한 김원주는 일본 닛신여학교에 입학한다. 유학 기간은 짧았다. 같은 해 여름, 귀국한 김원주는 18살 연상의 연희전문학교 교수 이노익 박사와 결혼한다. 이때 김원주의 나이는 23살이었다. 훗날 출가하고 오랜 시간이 지난 뒤 스님은 자신의 첫 번째 결혼을 이렇게 회상했다.

"어렸을 때부터 나의 인생은 나에게 잔혹했습니다. 소녀 적에 부모를 잃고 형제들과 영별한 나는 철부지로 청춘을 맞아 개성이 눈뜰 새도 없이 아버지뻘 되는 이와 이해 없는 결혼을 했습니다. 시집가는 전날 강아지한테 시집간다고 자랑한다는 말도 있듯이 나도 뭣이 뭣인지도 모르면서 신나 했었습니다."

서로에 대한 애정도 이해도 없는 결혼이었으나 이노익 박사는 어린 아내를 진심으로 아꼈다. 그는 아내가 공부를 계속할 수 있도록 지원해주었고, 사회 활동도 적극적으로 후원했다. 두 번째 유학에서 도쿄 에이와학교를 다니게 되면서 더 많은 것을 배웠고, 공부하며, 경험했다. 특히 유학생들과 활발하게 교류하며 새로운 문화와 사상을 마음껏 흡수한다. 이때 훗날 춘원 이광수와 결혼하게 되는 허영숙과 만나 친구가 된다.

당대 신문학의 대표주자인 이광수는 유학생 사이에서 이미 유명인사였다. 이광수와 김원주의 만남에는 재밌는 에피소드가 전해진다. 바로, 친구 허영숙이 이광수에게 보내는 연애편지를 대필해준 것이다. 이 편지를 본 이광수는 글솜씨에 감탄하게 된다. 머지않아 편지를 쓴 사람이 김원주라는 것을 알게 된 이광수는 '일엽一葉'이라는 필명이자 호를 지어주었다.

'일엽一葉'이라는 필명은 김원주가 태어난 1896년 세상을 떠난 일본의 여류 문인 '히구치 이치요樋口一葉'의 이름에서 따온 것이다. 조선의 히구치 이치요가 되라며 필명을 지어준 이광수를 만났을 때, '일엽' 김원주는 얼마나 가슴이 뛰었을까. 늘 홀로 자신의 길을 개척해온 김원주는 앞으로 가야 할 길을 제시해주는 사람을 처음 만난 것이다. 이들의 인연은 훗날 스님의 인생에서 오래도록 계속되었다.

최초의 여성잡지 〈신여자〉 그리고 이혼

1920년, 에이와학교를 중퇴하고 귀국한 일엽 김원주는 잡지 〈신여자新女子〉를 창간하고 발행인이 된다. 대장부의 삶이 시작된 것이다. 일엽 김원주의 실행력과 결단력은 그 누구보다 빠르고 강했다. 그리하여 1920년 3월, 여자에 의한, 여자를 위한 우리나라 최초의 여성잡지 〈신여자〉가 세상에 나오게 되었다. 이화학당은 〈신여자〉 창간에 자금을 후원했고 나혜석, 박인덕, 김활란, 김명순, 이광수 등이 필진으로 참여했다. 필진 대부분이 여성으로 구성되고, '여성 해방'을 소리 높여 부르짖는 〈신여자〉 창간호는 그야말로 센세이션을 일으켰다.

여성의, 여성에 의한, 여성을 위한 잡지 〈신여자〉의 등장과 '신여자 선언'을 통해 조선에서는 신여성운동이 일어났다. 이때부터 '신여자' '신여성'이란 말이 크게 퍼졌고, 젊은 여성들은 신여성이 되고픈 꿈을 안고 세상 밖으로 나와 목소리를 내기 시작했다. 구시대 여성

〈신여자〉 표지

처럼 살지 않겠다는 욕망이 '신여자'와 만나면서 여성 해방 운동의 길이 열린 것이다. 신여자 운동, 여성 해방 운동의 선두에 일엽 김원주가 있었다.

하지만 여성을 주 독자층으로 겨냥한 〈신여자〉는 재정난으로 인해 4호를 끝으로 폐간된다. 〈신여자〉는 뜨거운 화제성과 별개로 판매 부진을 겪었다. 교육은커녕 글을 아는 여성조차 드문 시대에 '여성을 위한 잡지'는 팔리지 않았다. 〈신여자〉의 폐간과 함께 일엽 김원주의 첫 번째 결혼생활도 마침표를 찍었다. 사랑 없는 결혼을 끝내기로 한 것이다.

남편 이노익은 일엽 김원주의 뜻을 존중해주었으나 '남편을 버린 이혼녀'라는 세상의 온갖 비난이 쏟아졌다. 세상은 일엽 김원주가 반성하고 용서를 구하기를 요구했으나 꿋꿋하게 자신의 길을 걸어갔다. '이혼녀이자 신여자'인 일엽 김원주의 삶이 본격적으로 시작된 것이다. 누구의 딸, 누구의 아내가 아닌 오롯한 자유의 몸으로 세상의 편견에 맞서 싸우며, 세상의 손가락질에 숨거나 주눅 들기보다 목소리를 높여 대응하는 신여자였고, 신여자가 일엽 김원주였다.

세상으로부터 어떤 시선을 받거나, 어떤 공격을 당하던, 어떤 오해를 사던 자신의 선택에 대하여 변명하지 않는 이러한 자세는 훗날 일엽스님의 인생을 관통하는 삶의 태도이자 스님의 제자들에게도 이어져 내려오는 전통이 되었다.

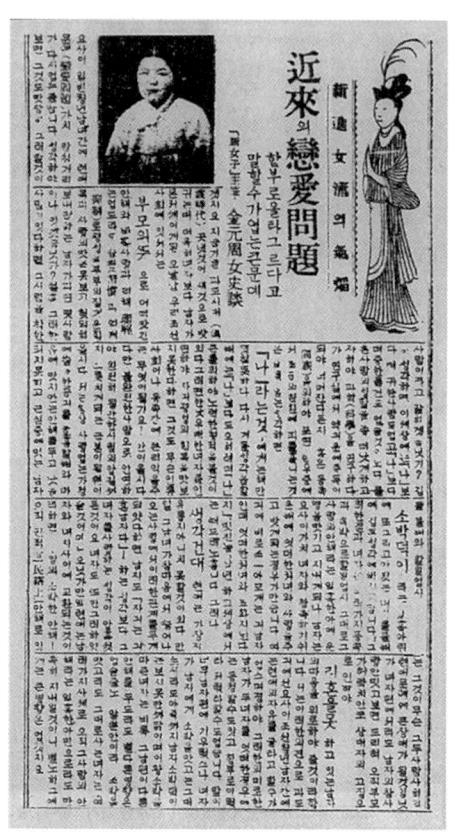

1921년 출가 전 〈동아일보〉에 기고한 김원주의 연애관

"함부로 옳다 그르다 말할 수가 없는 큰문제" 주제로
근래의 연애문제에 대해 기고했다.

'참 다행한 일'

이혼은 일엽 김원주의 삶과 청춘에 어떤 걸림도 되지 않았다. 신여자로 살아간다는 것이 결코 꽃길이 아님을 알고 있었다. 알면서도 선택한 길이었기에 스님은 누구를 위해서가 아니라 자신을 위해서 살았다. 이혼을 부끄러워하지도, 자책하지도, 주눅 들지도, 변명하지도 않았다. 일엽 김원주의 행동은 유학자들과 보수적인 남자들의 공분을 샀다. 여자들 또한 그녀의 선택을 이해하고 응원하는 이도 있었으나 비난하는 이도 적지 않았다. 하지만 세간의 비난과 조롱에 상처가 되지 않았다.

이혼 후 이노익은 미국으로 돌아갔다. 자유의 몸이 된 일엽 김원주는 일본으로 떠났고 그곳에서 문화계의 젊은 지식인 청춘들과 활발하게 교류하였다. 그중에는 시인 노월 임장화도 있었다. 첫만남에서 임장화는 고향에 본처가 있는 유부남이었으나 이 사실을 숨겼다. 열렬한 구애 끝에 연애를 시작했다. 이 사실을 뒤늦게 알게 된 임장화의 집안에서는 '신여성'과 연애하는 아들에게 학비와 생활비 지원을 중단하겠다고 위협했다.

임장화는 아내에게 이혼을 말할 엄두를 내지 못했으나 스님과 헤어질 생각조차 하지 못했다. 결국 그의 집안에서는 일엽 김원주를 인정하겠고 약속했다. 그의 집안에서 임장화의 작은 부인으로 그것조차도 많이 양보한 것이었다. 작은 부인(첩)이 될 생각도, 숨겨진 여인도 될 생각이 추호도 없던 일엽 김원주는 이별을 결심했다. 생활고에 시달리면서도 헤어지지 않으려 버텼던 임장화는 이별을 결심하자 최악의 선택을 한다. 살아서 사랑을 이룰 수 없다면 죽음으로 사랑을 완성하자고 종용한 것이다. 그것이 집안을 거스를 수도 없고, 사랑을 포기할 수도 없는 임장화의 선택이었다.

"설사 이 세상에서 뜻대로 산다더라도 겨우 70세까지 살기도 어려운 무의미한 삶보다는 이별 없는 만족한 최후 순간을 만년화시키는 일이 얼마나 아름다운 일이냐"

당시 임장화는 짐짓 비장했으나 훗날 스님은 '시정詩情에 듬뿍 취한 말'이라고 회상했다. 자기 멋에 홀로 도취하여 내뱉은, 허세 가득한 말이었다는 것이다. 왜냐하면 자살을 가장 어리석은 행동이라고 생각했기 때문이다. 일엽 김원주와 함께 비극적 죽음에 심취한 임장화는 정작 자신이 사랑하는 여인이 어떤 생각을 하는지조차 몰랐던 셈이다.

'건강한 청년 남녀가 사회적으로 큰 공헌은 못할망정 제 목숨을 끊어 제 위치를 스스로 무너뜨리는 비겁한 일을 왜 하랴!'

죽음 앞에서 죽도록 자신을 사랑한다고 했던 임장화의 참모습을 발견한다. 약을 바꿔치기한 스님의 계획이 성공하면서 두 사람은 무사히 죽음의 위기를 넘겼고, 얼마 후 헤어졌다. 그리고 이때의 경험을 바탕으로 일엽 김원주는 단편소설 〈헤로인〉을 써서 1929년 3월 조선일보에 발표한다. 39년 후 어느 날, 지인으로부터 임장화가 여전히 자신을 잊지 못하고 있음을 전해 듣고, 그의 '인생 문제 해결'을 위해 펜을 들어 편지를 보낸다. 일엽스님의 에세이 《청춘을 불사르고》 중 〈피엉긴 가슴을 안고 사는 R씨에게〉는 임장화와의 이야기이다.

> "그때 죽지 않았던 것은 참으로 다행한 일이었습니다. 문제의 시초부터 마지막 귀결은, 인생 문제가 해결된 때 곧 인간을 이룬 때입니다. (중략) 나는 그 깨달음을 위하여 정진합니다.
> (중략) 우리가 그때 죽지 않았던 일이 얼마나 다행한 일입니까? 그때 죽음의 대비도 없이 그대로 죽었더라면 내가 어찌 이 최상 법문 중에 들어올 수 있었으며 또한 이 말씀을 이렇게 당신에게 전할 수 있었겠습니까?"

함께 죽자던, 헤어진 연인에게 전법을 한다는 것은 얼마나 대단한 일인가! 그때 당신이 죽지 않았던 이유를, 지금 자신이 살아가는 이유를 부처님의 가르침을 배우고 세상에 전하기 위해서였다고 말한다. 이처럼 스님은 사랑이라는 감정의 무상함을 누구보다 담담하게 받아들였으나 역설적으로 사랑을 통해 부처님의 가르침을 온전히 이해하고 깨닫게 된다.

1920년대 〈신여자〉 잡지 주간 당시 문인들과 함께
첫째 줄 왼쪽부터 방인근, 현진건, 김원주. 두 번째줄 왼쪽 두 번째 김동인 외

운명처럼 나타난 'B'

임장화와의 이별 이후 1925년부터 1928년까지 일엽 김원주는 아현 보통학교에서 조선어, 문학 과목 담당 교사로 일하며 동아일보, 조선일보, 매일신보, 조선 문단 등에 칼럼과 논설 등을 기고하였다. 사랑의 구속에서 벗어난 후 창작열은 더욱 왕성해졌고 여성 해방, 강연, 논설, 소설 등 다양한 분야에서 수많은 말과 글들이 탄생했다. 그러던 1928년 잡지 〈불교〉를 통해 독일에서 철학박사 학위를 받은 철학자이자 불교학자 백성욱을 만났다. 운명같은 만남이었다.

"선생의 고향은?"

백성욱 박사가 불교신문사 사장으로 취임하고 며칠이 지났다. 일엽 김원주는 그와 구례 화엄사에서 올라온 향기로운 작설차를 마셨다. 그때 백성욱 박사가 부드러운 목소리로 물었다. 고향을 묻는 백성욱 박사의 음성과 바라보던 눈빛, 적당한 온기, 조명과 분위기까지 모든 것이 마법 같았다. 질문을 듣는 순간, 김원주의 마음은 잔잔했던 바다가 요동을 쳤고, 재만 남아버린 줄 알았던 아궁이가 뜨겁게 달아오르기 시작했다. 오랜 시간이 흐른 뒤에도 스님은 백성욱 박사와 사랑에 빠지게 된 순간을 마치 그림처럼, 사진처럼, 영화처럼 기억했다.

"당신이 '선생의 고향은?' 하고 물을 때 그 눈의 매력적 표정! 더구나 그 목소리에 그렇게도 깊이 정을 느낀 것이 행여나 짝사랑의 발로는 아니었구나! 하고 혼자 생각할 때 내가 겪어온 모든 인간고의 대가가 될만큼 아름다움과 기쁨을 주던 그것을 무엇이라 이름 지을까. 아무 이름에도 맞는 일체의 대명사인 '극히 아름다운 그것'이라 해둘 수밖에 없나이다."

1928년 4월, 일엽 김원주가 쓴 시는 간절하고 감성적인 사랑으로 가득하다. 그 사랑의 대상이 백성욱 박사라는 것을 모르는 사람이 없을 정도로 제목부터 행간까지 솔직하고 노골적인 고백으로 채워진 시였다.

〈당신은 나에게 무엇이 되었삽기에?〉

당신은 나에게 무엇이 되었삽기에
살아서 이 몸도 죽어서 이 혼까지도
그만 다 바치고 싶어질까요.
보고 듣고 생각나는 온갖 좋은 건
모두 다 드려야한 하게 되옵니까?
내 것 네 것 가려질 길 없사옵고요.
조건이나 대가가 따져질 새 어딨겠어요.
혼마저 합쳐진 한 몸이건만…
그래도 그래도,
그지없는 아쉬움
그저 남아요.
당신은 나에게 무엇이 되었삽기에?

여자 김원주에서 인간 김일엽으로

백성욱 박사와의 만남을 통해 일엽 김원주는 생애 처음으로 완전한 사랑을 느낀다. 너와 나의 경계가 사라져버린, 조건도, 삶과 죽음조차 초연해지는 숭고한 사랑이었다. 이제야 진정한 사랑을, 운명의 반쪽을 만났다고 생각하며 행복을 감추지 못했다. 백성욱 박사와 함께 부부가 되어 함께 깨달음을 성취하는 불자가 되겠다는 꿈을 꾸기도 했다. 그러던 어느 날, 한 장의 편지만 남기고 사라진 백성욱 박사로 인하여 모든 꿈은 부서지고 말았다.

"당신은 '… 인연이 다하여서 다시 뵈옵지 못하겠기에…' 하는 마지막 편지를 내게 보내었습니다."

인연이 다하였다는 말도, 다시는 볼 수 없다는 말도 청천벽력 같았다. 백성욱 박사가 떠난 뒤 생애 처음으로 삶의 방향을 잃고 방황한다. 이 시기 일엽 김원주는 이별의 아픔에 대한 절절한 슬픔과 그리움의 글들을 썼고, 여성들로부터 엄청난 호응을 받았다. '여성 해방'을 소리 높였을 때는 애써 외면하기도 했던 여성들까지도 일엽 김원주를 응원하고 연민했다.

행복과 고통, 즐거움과 괴로움 그리고 세상으로부터의 비난과 환호, 이 모든 것은 '여자 김원주가 아닌 인간 김일엽'를 찾아가는 치열한 과정이었다. 철저하게 기억을 더듬으며 사랑의 순간들을 확인하고 또 의심하고 확인하며 실연을 받아들이고 극복하고 받아들이는 과정은 수행 그 자체였다.

도저히 이별을 받아들일 수 없는 고통과 괴로움 끝에서 마침내 '내가 나의 세울 곳이 따로 있는 줄 알고 헤맸다'는 것을 발견한다. 동시에 '실연'이야말로 상대방이 나에게 준 가장 큰 선물임을 알고 '온 우주가 곧 나'라는 깨달음을 얻는다. 얼마나 위대한 발견인가! 이제야 더는 헤매지 않고 나를 찾아 완성할 수 있는 '정진의 시간'이 왔음을 기뻐하며 노래를 부른다.

> 나는 나의 세계를 세울 곳이 따로 있는 줄 알고 찾아 헤맸던 것이외다. (중략) 만일 내가 당신으로 더불어 즐거운 가정이나 꾸미었더라면 믿지 못할 세상일이라는 것보다 순일한 정신으로 돌아갈 기회를 얻기 어려웠을 것이요, 순일한 정신으로 돌아갈 기회를 얻기 어려웠다면 정신하기는 더욱 어려웠을 것 아니오리까? (중략) 그래서 지금 우선 한가한 마음으로 정진할

수 있게 된 것을 기뻐할 뿐이외다 (중략) 이 무상의 기쁜 소식을 온 천하에 알려야 하겠기에 원력으로 세운 노래를 불러보겠나이다.

남녀가 만나고 사랑하고 헤어지는 사랑이야말로 많은 사람이 공감하고 또 감화시킬 수 있는 최상의 포교 방법이라는 것을 이 시절의 일엽 김원주는 알았을까. 하지만 훗날 입산하고 30년이 지난 어느 날, 스님은 사랑으로 장엄한 글을 방편으로 삼아 부처님의 가르침을 이 세상에 가장 솔직하고 간절하게 전했다.

1926년 자유연애 강연회에 선 김일엽

悟道頌

古人의 속임수의
헤매이고 고생하기
비로소 그닐마련고
곤웃음 한 노리에
夢裏에 桃花가 滿發하야
산과 들이 붉엇네

金一葉

2부. 비구니 일엽

나도 나의 노래를 세세생생 불러서 나의 노래가 삼천대천세계에 차고도 넘친다면, 나의 노래가 듣기 싫어서 귀를 틀어막는 그놈까지도 나의 노래화하고야 말 것입니다. 아아, 나는 미래세가 다하고 남도록 그저 노래를 부를 뿐입니다.

내가 나의 주인이 되어라!

당대에 '이혼'이라는 상상할 수조차 없는 일생의 큰일을 실행하고 난 후 사방에서 비난과 찬사가 이어졌다. '왜 이토록 외롭고 고독할까.', '남에게 피해를 주지 않는데 내 몸을 내 뜻대로 하는 것이 왜 지탄받아야 하는가.' 정신적인 고단함이 쌓여갔다. 이러한 상황에서도 임장화와의 사랑은 지속 되었다.

사랑은 찰나의 기쁨과 행복을 주었으나 인생에 대한 답도, 해결책도 아니었다. 조선 여성의 삶을 보면서 느낀 부조리는 연민으로 이어졌고, 이를 해결하고자 여성 해방의 목소리를 높였다. 하지만 분신 같던 〈신여자〉가 재정난으로 폐간되고, 이혼했다. 세간에서 보면 일엽 김원주의 삶은 실패한 것이나 다름없어 보였다. '남편을 버린 이혼녀'가 또 다른 수식어였다. 여성 해방을 외치면서도 정작 내 마음조차 마음대로 할 수 없는 답답함이 짓눌렀다. 누구 하나 답을 줄 수 없는 질문이 꼬리에 꼬리를 물고 이어지던 그때였다.

덕숭산 수덕사에서 만공스님의 법문을 만난 일엽 김원주는 드디어 삶의 근본적인 의문을 정면으로 마주한다. "내가 내 마음의 주인이 되고, 내 삶의 주인이 되어야 한다"는 만공스님의 법문을 듣고 크게 발심하게 된다.

'나는 과연 나의 주인이라 할 수 있는가?'
'나는 과연 마음을 자유자재로 다스리고 있는가?'
'나의 삶은 내 의지대로 나아가고 있는가? 만약 그렇지 못하다면, 나의 삶과 마음을 진짜 주인은 누구인가?'

만공스님의 법문은 일엽 김원주의 정신에 커다란 울림을 남겼다. 항상 많은 일을 하면서 분주했으나 이제야 비로소 어떻게 살아가야 하는지가 분명하게 보이는 것 같았다. 1923년 9월, 불교와의 인연에 씨앗이 심어진 것이다.

일엽 김원주가 만공스님의 법문을 열린 마음으로 받아들인 것은 놀라운 일이다. 기독교 목사의 딸로 태어났고, 기독교 학교에 다니며 말과 글을 익힐 때부터 주님의 은총에 감사함을 배웠다. 하지만 간절하고 지극하며 신실한 신앙인의 삶을 살았던 아버지를 존경하면서도 기독교의 교리는 와닿지 않았다. 특히 주님께 자신의 자유와 의지마저 바치는 기도에 좀처럼 익숙해지지 않았다.

그러던 중 부처님의 가르침을 전하는 만공스님의 법문을 들은 일엽 김원주는 처음으로 정신이 해방되는 자유를 느꼈다. 비로소 삶의 의문이 풀리고 의미를 정확히 발견하게 된 기쁨이었다. 녹야원에서 부처님으로부터 초전법륜을 만난 다섯 수행자의 기쁨과 비견될 만한, 온 천지가 새롭게 보이는 놀라운 세상을 마침내 만난 것이다.

   조선 여성을 해방하는 것이 사명이라 생각하며 분투했던 이였다. 그런 일엽 김원주에게 먼저 나의 마음과 정신부터 해방하여 '내가 나의 주인이 되어야 한다'는 만공스님의 말씀은 온몸을 관통하는 듯한 충격이었다. 만공스님의 감로법은 사자후가 되어 일엽 김원주의 인생을 완전히 바꿔놓았다. 이후 '부처님의 가르침'을 삶과 정신의 의지처로 삼았다. 또한 일생일대의 가르침을 주고, 불연佛緣과 발심을 이끌어 준 만공스님과의 인연은 출가로 이어지게 된다.

금강산 마하연에서

일엽 김원주는 어린 시절부터 부조리한 세상에 순응하는 대신 세상을 바꾸고자 뜻을 품었다. 여성의 미덕은 수동적이며, 사랑의 감정마저도 드러내지 않는 것을 강요받던 시대였다. 문인으로, 교사로, 기자로, 연설가로, 사회운동가로, 여성 운동가로 활발하게 활동했고 사랑과 이별도 반복했다. 이러한 행보는 진취적이고 용감하다며 박수받는 동시에 비난의 손가락질도 받곤 했다.

자유롭게만 보였지만 일엽 김원주는 마음의 자유를 애타게 찾고 있었다. 스스로가 내 마음의 주인이 되는 법을 알기 위해 입산을 결심한 것이다. 1928년, 세간의 모든 일을 떨쳐 두고 만공스님이 주석하고 계신 금강산 마하연으로 입산하였다. 이는 실로 엄청난 결심이었다.

그렇게 금강산 마하연으로 입산한 스님은 서봉암에서 이성혜 비구니를 은사로 삭발했다. 그해 7월 15일, 표운사 신림암에서 하안거를 보냈다. 일엽스님이 발심하여 삭발하고 계를 받은 금강산 마하연에는 만공스님과의 일화가 전해진다.

　이성혜 선사와 만공스님과 함께 정진하고 있을 때였다. 한밤에 화장실을 가려고 나온 일엽스님은 해우소가 있는 끝방으로 간다는 것이 그만 다른 방문을 열고 말았다. 불빛 하나 없는 캄캄한 산중에 일어날 법한 실수였다. 일엽스님은 얼른 방문을 다시 닫고 해우소를 다녀와 잠을 청했다. 다음 날 아침, 만공스님은 모든 대중 앞에서 일엽스님을 가리키며 이렇게 말했다.

　"일엽이가 아직도 속세의 습기를 버리지 못하여, 어젯밤 내 방을 열었다."

한밤중 일엽스님이 실수로 열였던 그 방에는 마침 만공스님이 주무시고 계셨다. 그 유명한 '김일엽이 깊은 밤 수행처에서 아무도 모르게 만공스님의 방문을 열었다'는 이야기는 대중의 호기심을 자극하기에 충분하고도 남았다. 만공스님의 선언에 대중은 소리 없이 술렁거렸고, 세속적인 의심과 호기심에 뜨거운 불이 지펴졌다. 그 불길은 수행자의 길을 선택한 일엽스님을 한순간에 불태울 수도 있었다.
　폭탄 같은 선언을 한 만공스님은 일엽스님을 가만히 지켜보았다. 과연 이 모욕을 어떻게 견딜 것인가, 근기를 시험해본 것이다. 이때 일엽스님은 변명도 하지 않고, 눈물도 흘리지 않은 채 가만히 그 시선을 견뎠다. 어쩌면 이 일로 인해, '김일엽'이라는 이름으로 수행자의 길을 가면서 '이런 오해를 응당 겪게 되겠구나' 생각했을 수도 있다. 얼굴색 하나 변하지 않고 태연했으나 속으로는 천 번 만 번의 인욕행이었을 것이다. 어느 쪽이든 일엽스님의 근기는 남달랐다. 이 사건 이후 만공스님은 일엽스님의 선근과 수승한 의지를 두 번 다시 의심하거나 확인하지 않았다.

세간에서 겪은 희로애락을 수행 동력으로 삼은 스님의 정진은 누구보다 치열했다. 같은 해 10월 15일, 마하연에서 정진을 마친 일엽스님은 서울 선학원에서 만공선사에게 득도하며 수계를 받는다.

그로부터 많은 세월이 흐르고, 만공스님과 일엽스님 모두 열반하신 지 수십 년이 지난 어느 날, 월송스님은 금강산에 가게 되었다. 언젠가 금강산에 가게 된다면 일엽스님이 삭발하고 출가했던 수행처에 가보고 싶다는 간절한 마음을 간직했던 월송스님은 마침내 내금강에서 마하연 도량을 찾았다. 월송스님은 처음 금강산에 다녀온 후 발원을 세웠는데 그 후 두 차례 더 금강산에 갈 기회가 생겼고 마지막 방문 때 마하연을 찾게 된 것이었다.

사람이 머물지 않은 지 오래된 도량에는 잡초가 잔뜩 우거져 있었고, 'ㄱ'자나 'ㄴ'자도 아닌 'ㅡ(한일)'자로 된 길쭉한 건물터가 남아 있었다. 월송스님은 그 한쪽 끝에 있는 해우소 자리를 기어코 찾아냈다. 일엽스님과 만공스님의 일화가 전설처럼 전해졌던 금강산 마하연 해우소 자리를 바라보며 월송스님의 마음은 벅차올랐다. 우주 법계로 돌아간 만공스님과 일엽스님이 깨달음을 이룬 이곳에 다시 오신다면, 두 선사는 어떤 법담을 나누셨을까.

금강산 마하연을 빛낸 또 한 분의 비구니 스님은 바로 이성혜 선사이다. 일엽스님의 은사이자 많은 비구니 스님의 은사이셨다. 산중 도량의 가난한 살림을 도맡아 꾸려가면서도, 큰스님들이 오시면 지극한 정성으로 공양을 올리고 용채를 드리며, 아낌없이 베푸셨다고 한다. 논과 밭을 다 팔아서라도 큰스님들께 공경을 다했지만, 정작 이성혜 선사가 세상을 떠날 때는 장례를 치를 만한 자금조차 남지 않았다.

이를 알게 된 일엽스님은 선학원에서 이성혜 선사의 49재를 모셨다고 한다. 선학원의 살림도 빠듯할 때였기에 일엽스님은 은사 이성혜 스님의 장례 비용을 마련하기 위해 한 달 가까이 하루도 빠짐없이 탁발했다. 그렇게 간신히 애면글면 모은 돈으로 49재를 지낼 수 있었다. 마지막 재를 올리는 날에는 전국 각지에서 큰스님들과 명망 있는 인사들이 찾아왔다. 이성혜 스님은 유훈을 따로 남기시지 않아서 제대로 알릴 기회가 없었는데, 어떻게 아셨을까. 당대 최고의 스님들과 유명인들이 선학원에 모여 이성혜 선사의 마지막을 지킨 것이다. 일엽스님이 은사 스님을 위하여 백방으로 탁발로 비용을 마련해 49재를 여법하게 지내지 않았더라면, 이성혜 선사가 생전에 지은 공덕은 알려지지 못했을 것이다.

입산 직전 김일엽

다투지 않고, 변명하지 않는다

1929년, 스님은 내금강 마하연에서 계속해서 정진을 이어갔다. 안거를 마친 후, 스님은 아직 세상에 대한 미련과 애욕이 남았음을 깨닫는다. 세속의 삶과 수행을 함께하기 위해 대처승 하윤실과 결혼한다. 출가와 정진을 경험한 후 다시 속세로 돌아와 결혼을 선택했을 때, 일엽스님에게는 분명한 목표와 사명감이 있었다.

스님은 당시 기독교가 빠르게 교세를 확장하는 주요 원인이 바로 선교사나 목사 부인들의 열정적인 전도 덕분이라고 판단했다. 그렇다면 불교에서도 여성과 부인, 청년이 해야 할 역할이 많다고 생각했다. 승려의 부인으로서, 불교를 공부하는 모임을 만들고, 협회를 조직하여 활동하고, 거리 포교를 하고, 글을 써서 알리는 등 부처님의 가르침을 세상에 널리 알리고 싶었다.

하지만 남편 하윤실의 마음은 달랐다. 외로운 처지였지만 비상한 두뇌 덕분에 공부의 성취는 빨랐다. 남다른 근기로 부처님의 가르침에 빠르게 다가섰지만 결혼 후 달라졌다. 결핍된 외로움이 채워지는 듯 온 마음을 다해 아내에게 깊은 애정을 쏟았다. 더는 수행자로 살아가기 힘들 정도의 집착이 생겨버렸다. 일엽스님이 원한 것은 수행을 통해 이루는 것이지, 행복한 결혼생활이 아니었다. 결혼을 통해 결핍된 애정을 채우고자 했던 하윤실의 생각과는 정반대인 셈이었다. 결국 스님은 결혼생활을 유지하면서 수행자의 삶을 실천하기 어렵다는 것을 깨닫는다.

1931년 서울 선학원에서 만공스님의 지도하에 안거를 보내며 출가에 대한 결심을 굳히게 된다. 1933년 9월에는 세속에 남은 마지막 인연을 정리하고 스승 만공스님을 따라 덕숭산 수덕사 견성암으로 거처를 정했다. 최초의 신여성이자 최초의 여성잡지 발행인이며 여류 문인이자 작가, 교사, 연설가, 사회운동가, 여성해방운동가로 이름을 날렸던 일엽 김원주는 그렇게 덕숭산 수덕사 견성암에서 '비구니 일엽'으로 마침내 새로운 삶을 시작한 것이다.

일엽스님이 입산하여 견성암에서 입승직을 하자, 먼저 와서 정진 중이던 비구니 수좌들 사이에서 적지 않은 파란이 있었다. 특히 동진 출가하여 공부하던 스님들은 속세에서 다양한 활약을 펼치며 결혼까지 하고 산중으로 들어온 일엽스님을 곱지 않은 눈으로 바라보곤 했다.

일엽스님은 이 또한 인욕 수행으로 여기며 태연하게 시선을 받아냈다. 출가자들의 따가운 시선이 오히려 수행의 동력이 된 것이다.

그 모습과 근기를 보신 만공스님은 일엽스님의 공부가 얼마나 되었는지 확인하신 후 일엽스님이 승속 경계를 완전히 넘어섰음을 인정하며 기쁘게 말씀하셨다.

"일엽이가 지견이 났구나! 일엽이가 지견이 났어!"

만공스님의 말씀을 들은 견성암의 비구니 스님들은 더욱 용맹정진하였다. 견성암은 전국에서 가장 난다 긴다 하는 비구니 스님들이 모여 가장 치열하게 공부하며 깨달음을 얻는 곳으로 이름이 알려지기 시작했다. 이에 한 스님이 일엽스님에게 가서 이러한 일이 있음을 가만히 전했다.

"스님, 요즘 견성암 비구니 스님들이 난리입니다. 만공스님께서 스님을 칭찬하시자 다들 밤낮을 가리지 않고 용맹정진하십니다."

그러자 일엽스님은 우쭐한 기색 하나 없이 담담히 말씀하셨다.

"(만공스님의 칭찬은) 나에게는 아무 이익이 없는 말씀이나, 사람들이 공부하는데 도움이 꽤 되겠구나."

비난에도 흔들리지 않고, 칭찬에도 흔들리지 않는 마음, 이것이 일엽스님의 성정이다. 일엽스님의 이러한 겸허하고 선지식다운 성정은 훗날 월송스님에게로 그대로 이어졌다.

견성암에서 제자들과 함께한 일엽스님

기쁨의 노래

〈나의 노래〉

일엽스님이 덕숭산 수덕사 견성암으로 입산한 직후 쓴 발원문

나는 노래를 부릅니다.
나의 노랫소리에, 시간의 숫자와 공간의 한자로
 그만 녹아버립니다.
나는 나의 노래의 절대 자유를 위하여
노랫가락에 높고 낮음과 장단을 맞추는 아름다운 구속까지도
사양하였습니다.
그저 내 멋대로 나의 노래를 소리높여 부를 뿐입니다.

나의 노래는 설움을 풀고 기쁨을 돕는 서정시가 아닙니다.
더구나 나의 노래는 착한 것을 권하고, 악한 것을 말리는
교훈의 글귀도 아닙니다.

그렇다고 하늘 사람의 거룩한 말씀이나
 지하 인간의 고통의 부르짖음도 아닙니다.
그리고 나의 노래를 찬양하거나
나의 노래의 뜻을 안다는 이가 있다면
그것은 나의 노래에 흠집을 낼 뿐입니다.
그렇다고 석가모니 부처님도 모르는
우주의 원칙을 들먹여보라는
그런 망발의 생각을 하는 것도 아닙니다.
다만 유정무정이 함께 일용하고 있는
 백천 삼매의 묘구 그대로를 읊조릴 뿐입니다.
그래서 썩은 흙덩이나 마른 나무등걸이라도
자연히 나의 노래에는 감응이 있습니다.
나의 노랫소리가 귀에 스치는 분은 유의해 보셔요.
나의 노랫가락에 맞춰서
무뚝무뚝한 바윗덩이가 빙그레 웃음을 머금습니다.
질펀한 대지의 어깨춤 추는 소리가 그윽이 들려옵니다.
천상에서는 주야로 그치지 않던 환락적 음악소리가
제 부끄러움에 자지러지고,
지하에서는 간단 없이 죄수를 때려 부수던 그 채찍이
넋 일은 사자들 손에서 저절로 떨어져 버리게 됩니다.
그러나 부르는 장소가 시장입니다그려.

싸구려 벗, 싸구려 장사치들이
대지를 흔들어 넘기는 그 소리에
나의 노래는 저기압에 눌린 연기처럼 사라지기만합니다그려.
마치 밑 빠진 구멍에 물을 길어 붓는 것처럼
지닐 데도 없는 노래이언만,
그래도 나는 더욱 소리 높여 부를 뿐입니다.
밑 빠진 구멍에라도 언제까지나 물을 길어 붓기를
그치지만 않는다면
필경은 물이 대륙에 스며 넘쳐서 밑 빠진 그 구멍에까지도
차고야 말 것이 아닙니까.
나도 나의 노래를 세세생생 불러서
나의 노래가 삼천대천세계에 차고도 넘친다면,
나의 노래가 듣기 싫어서 귀를 틀어막는 그놈까지도
나의 노래화하고야 말 것입니다.
아아, 나는 미래세가 다하고 남도록
그저 노래를 부를 뿐입니다.

〈오도송悟道頌〉

고인의 속임수에
헤매고 고뇌한 이
예로부터 그 얼마인가

큰 웃음 한소리에
설리雪裏에 도화桃花가 만발하여
산과 들이 붉었네

〈일엽자에게 회시回示(회답)〉

일엽이 연꽃처럼 되었고
성품도 백련과 같으니
도를 이루는 비구니가 되었도다.

荷葉堂 白蓮道葉 比丘尼

갑술년(1934년) 3월 초이틀
월면 만공

스님이 견성암에 입산한 이듬해 3월, 만공스님은 스님에게 '도엽'이라는 당호와 도호를 내려주시며 게송 같은 법문을 글로 남겨주셨다. 스님이 깨달음을 성취한 것은 놀랍도록 빨랐다. 이후 스님은 수행자로서 치열하게 정진했다.

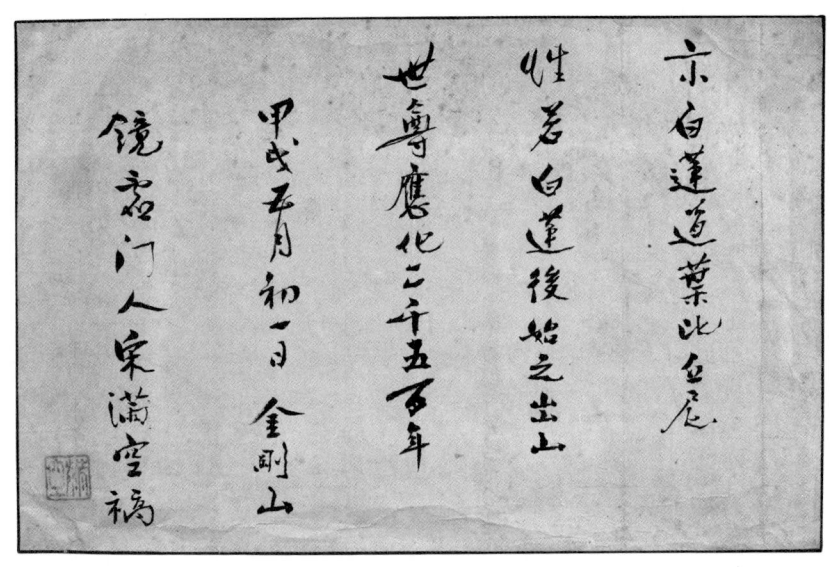

백련도엽비구니에게 주다
성품이 백련과 같이 된 이후에 비로소 산을 나서라.

만공스님의 친필

불도佛道를 닦으며

〈 불도를 닦으며 〉

(상략) 불도를 왜 닦는고?
하는 묻는 이가 있다면 나는
불도를 왜 아니 닦으시뇨?
하고 반문하려 합니다.

(중략) 철이 채 나지도 않은 소녀 시대에 하늘로 믿던 어머니와 아버지를 모더 저세상에 보낸 여자가 이 몸이외다. 부모는 구몰俱沒(세상을 떠남)하신다 하여도 같은 배를 가르고 나온 오빠나 동생이 있다하여도 덜이나 애통하고 적막할 것을, 아무도 없는 무남독녀로 뿌리 없는 풀이 되어 이 세상의 격랑에 표류되지 아니치 못할 비운을 가지고 앉은 것이 이 몸이로소이다. 청년 시대를 맞아 이성理性에 대한 이해도 사랑도 움트기 전에

나에게는 아버지뻘 되는 이와 결혼하지 아니치 못할 숙명을 가졌던 것도 이 몸이었사외다. 그런 뒤 남이 사랑하여주지 않는 번민과 남을 사랑할 수 없는 고뇌 속에서 행복스럽지 못한 가정을 3, 4차 만들었다가 깨어버린 것도 이 몸이었사외다.

지금은 이 몸 위에 혈연이라고는 이 세상에 한 분도 없거니와 부부간에 있는 그러한 애증을 두는 이도 한 분도 없으며 이 몸에는 초가집 한 칸도 비단옷 한 벌도 은가락지 한 쌍도 아무것도, 아무것도 없는 빈 몸이 되었습니다. 단순화하였다면 이 몸의 지금과 같이 단순화된 존재가 어디 있으리까. (중략)

인생은 꿈이외다.
꿈이매 덧없습니다.
덧없으매 영생을 바랍니다.
영생을 바라오매 우주의 큰 품에 안기려 합니다.
저는 지금 부처님의 큰 품에 안기었습니다. 그 무릎은 양의 털같이 무한히 부드럽고 그 손은 어머님 손길같이 따듯하고 그 마음은 가을 하늘같이 티끌 하나 없습니다.
조그마한 이 몸이 그 무릎에 앉으매 우마것도 무서운 것이 없으며 욕심나는 것이 없으며 괴로운 것이 없습니다.
부처님은 저에게 모든 것을 다 주셨습니다.
평화와 안식과 용기를!

저는 이제 완전히 구제되었습니다. 대자비의 따뜻한 일광에 온몸이 완전히 녹아가옵니다.

(만공)스님은 내가 노래와 시와 소설 쓰는 것을 피하라고 하십니다. 스님은 절더러 세상의 신문이나 잡지까지 다 보지 않는 것이 좋다고 합니다.
그리고 스님께서는 외간 사람도 어울리지 말라고 합니다.
깨끗한 몸 깨끗이 가지옵고저.
깨끗한 마음 깨끗이 가지옵고저. (하략)

<삼천리> 1935년 1월

입산 후 27년 동안 절필하기 전, 스님이 기고한 마지막 글이다. 이후 스님은 단 하루도 거르지 않고 선방에서 참선했다. 대중포교가 아니라 수행에 오롯이 전념했던 이 시간과 세월이 있었기에 훗날 스님은 자신에 대한 대중의 관심을 포교의 방편으로 삼으며 훌륭한 선지식으로 남을 수 있었으리라.

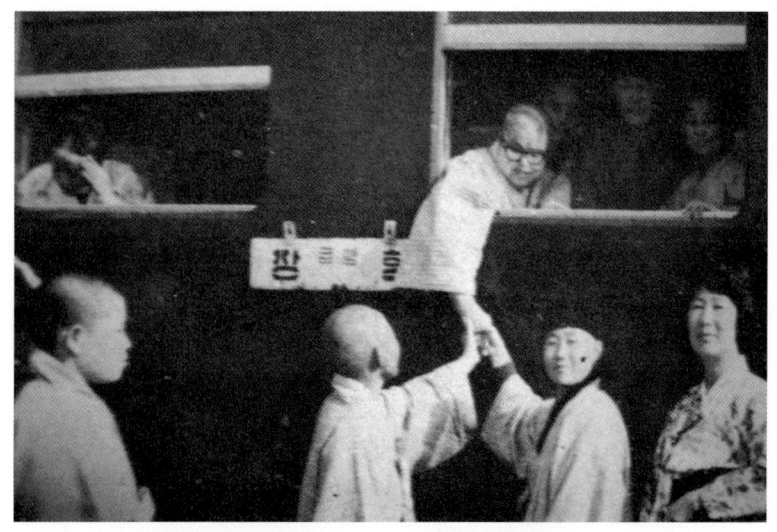

1966년 가을 서울역, 국립의료원에서 퇴원하여 견성암으로 돌아 오는 길

일엽스님과 손을 잡고 계신 정현스님(채만식 작가의 따님)과 법성스님
일엽스님 곁에는 정진스님, 월송스님, 경희스님

3부. 일엽스님과 제자들

휘영청 달빛이 좋고도 좋도다!

만공스님이 맺어준 인연, 경희스님

일엽스님의 스승은 만공스님과 이성혜 스님이다. 일엽스님은 1928년 금강산 마하연에서 이성혜 스님을 은사로 삭발했다. 1933년 다시 만공스님이 계신 덕숭산 견성암으로 입산하여 만공스님의 인가를 받았다. 사실 일엽스님과 만공스님과의 인연은 입산 10년 전으로 거슬러 올라간다.

1923년 수덕사에서 만공스님의 법문을 듣고 크게 발심한 것이 시작이었고, 1928년 만공스님이 주석하고 계신 금강산 마하연으로 입산하여 삭발했다. 그 후 선학원에서 만공스님께 수계하고 만공스님의 지도하에 수행 정진했다. 마침내 1933년 세상과의 인연을 완전히 정리하고 견성암에서 입승(승려의 기강을 감독하는 일. 죽비를 쳐서 참선의 시작과 끝을 알리며 수행 지도함)직을 맡은 일엽스님은 만공스님으로부터 '도엽 비구니'로 인가받는다. 발심에서 출가까지 10년의 세월이 걸렸다. 돌이켜보면 수덕사에서 발심하여 수덕사로 돌아온 셈이다.

출가 후 스님은 글쓰기를 통해 포교 원력을 펼치고자 했으나 만공스님은 단호하게 '글쓰기를 피하라'고 말씀하셨다. 일엽스님은 스승의 말을 그대로 따르고 지켰다. 그로부터 27년 동안 절필하고 오직 참선하며 정진한다. 일엽스님은 간화선을 통해 선불교의 전통을 다시 세우고 선불교의 중흥을 다시 이끌었던 만공스님의 가르침을 온 몸으로 실천한 것이다.

만공스님이 말년에 거둔 여제자 중에는 권번 기생 출신으로 일엽스님을 은사로 출가한 도안스님이 있다. 세간에서는 '아애타'라는 이름으로 불렸던 도안스님은 1946년 봄, 수덕사로 만공스님께 인사를 드리러 왔다가 내려가는데 문득 만공스님이 말씀하셨다.

"아애타, 우리 도솔천에서 만나세"

만공스님은 그해 가을에 입적하셨으니 이것이 도안스님이 기억하는 만공스님과의 마지막 만남이었다. 이후 도안스님은 참선 도량인 견성암에 머무는 대신 자신이 살던 집에 불상을 모시고 그곳에서 염불하고 쇳송(아침저녁에 드리는 예불의 준비로 종을 치고 진언이나 법계를 외우는 일)하며 승려로 지냈다. 쇳송을 하는 도안스님의 목소리는 남다른 매력과 울림이 있었다. 그 염불 소리가 어찌나 좋았던지, 도안스님 집 근처에서 딸 하나를 데리고 살던 과부 김신천은 도안스님과 친분을 쌓다가 출가를 발심했다.

3부. 일엽스님과 제자들

김신천은 도안스님 염불이 마냥 좋았다. 부처님을 모시고 도안스님과 자매처럼 의지하며 지내던 김신천은 수덕사에서 일엽스님을 만나게 되었다. 수덕사는 불상만 모셔둔 도안스님의 절과는 다른 위엄이 있었고, 견성암에서 죽비를 들고 있는 일엽스님 또한 처음 보는 수행자의 모습 그 자체였다. 이후 일엽스님 곁에 남기로 결심했다. 일엽스님을 모시고 제대로 공부하고 싶다는 마음이 생긴 것이었다. 일엽스님을 은사로 견성암에 남은 김신천은 일엽스님의 상좌이자 시자가 되었으니 이분이 바로 경희스님이다.

경희스님에게는 외동딸 정기순이 있었다. 경희스님이 도안스님의 염불에 반하여 출가를 발심했다면, 딸은 어머니보다 일엽스님을 먼저 알고 출가 수행자가 되기를 염원했다. 경희스님이 입산할 때, 어머니와 함께 견성암으로 온 딸은 도안스님을 은사로 '정진'이라는 법명을 받고 정식으로 출가하였다. 이때 정진스님의 나이는 열여섯, 일엽스님의 첫 손상좌이자 일엽스님 문하의 첫 동진 출가였다.

속가의 모녀가 나란히 일엽스님의 상좌와 손상좌가 된 것은 참으로 희유한 인연이었다. 어쩌면 먼저 도솔천으로 가신 만공스님께서 제자 도안스님을 통해 일엽스님과의 제자 인연을 맺어주셨는지도 모른다. 경희스님과 일엽스님이 스승과 제자의 인연을 맺은 것은 참으로 기쁜 일이었다.

경희스님은 일엽스님을 만나 수행하고 정진하며 어린 손상좌들을 지도하고 보살피는, 새로운 삶을 시작했다. 이 기쁘고 경사스러운 인연은 경희스님의 법명에 그대로 담겨 있다. 경희스님의 법명은 한자로 기쁠 '경慶', 기쁠 '희喜'이다. 환희대의 '환희歡喜'와 같은 뜻이다.

정좌한 경희스님

정진스님의 인욕바라밀

1957년, 월송스님이 출가하고자 수덕사에 입산했을 때 정진스님은 견성암에서 별좌 소임을 보고 있었다. 사찰에서는 바깥 살림을 책임지는 원주와 안살림을 책임지는 별좌가 있다. 원주는 금전을 관리하며 창고의 쌀과 반찬 등 주식과 부식 그리고 그해 김장의 양 등을 책임지고 별좌는 음식을 만들어서 차려 내는 것을 비롯하여 생활을 세심하게 돌보는 책임을 맡는다.

당시 견성암에서만 70여 명의 대중 스님이 있었는데, 정진스님이 대중 스님들의 공양을 책임진 것이다. 때때로 혼자 감당하기 힘든 일은 대중 스님들도 함께했으나 책임은 오롯이 별좌의 몫이었다. 가난한 산중 살림은 무엇 하나 넉넉하지 못했으나 정진스님은 콩을 불려서 두부를 만들고, 녹두를 갈아 전을 부치고, 이조차 없을 때면 도라지를 캐어 찬을 만들어서 공양에 올렸다. 하지만 아무리 애를 써도 70여 명의 대중 스님들의 마음을 흡족하게 하기란 불가능했다. 대중 스님들의 입맛과 취향, 건강 상태는 다 달랐고 공양 때마다 스님들은 칭찬보다는 불평에 후했다. 하는 사람은 단마디 말이라 할지라도 듣는 사람은 하나이니, 별좌인 정진스님이 공양 때마다 들어오는 불평불만은 넘쳐났다.

그때마다 정진스님은 자신의 부족함을 되려 미안해하며 참고 또 인내했다. 스님이 감당해야 하는 인내는 대중 스님들의 불평불만뿐이 아니었다. 빈곤한 살림을 꾸려나가다 보면 남편과 아내가 각자 자기 입장을 주장하며 다툼이 잦은 것처럼 원주와 별좌도 부딪힐 수밖에 없었다. 원주는 빠듯한 금전으로 창고가 비지 않게 채워야 하고, 별좌는 매일 때마다 입맛과 취향이 다 다른 대중을 먹여야 하니 더욱 그랬다. 그래서 석 달의 안거 기간 중 원주와 별좌가 한 달 동안 다투는 일이 없다면, 두 소임자는 성품이 훌륭하며 대단한 수행자라고 평가한다.

이 어려운 별좌 소임을 정진스님은 무려 5년 동안 맡았다. 그리고 그동안 단 한 번도 원주 스님과 다투는 일은 없었다. 스님의 인욕행으로 몸은 점점 쇠약해졌다. 마침내는 음식을 소화할 수 없을 정도로 위가 말라붙은 것처럼 밥도 먹지 못하고 말도 나오지 않는 지경이 되었다. 내 입에 들어갈 음식을 아껴 대중을 먹이고, 귀로 듣는 소리는 많으나 말을 아끼며 하고 싶은 말은 삼키고 삼키다 보니 그런 것 같았다. 이를 보다 못한 일엽스님이 마침내 결단을 내렸다.

"정진아, 그만하거라."

일엽스님의 한 말씀 덕분에 정진스님은 5년 동안 맡아왔던 별좌 소임을 회향하였다. 훗날 월송스님은 정진스님이 별좌 소임을 맡았던 시절을 떠올리며 이렇게 이야기했다.

"내가 우리 사형의 자비심을 따라가려면 이생에는 어렵고 다음 생에도 가능할까 싶다."

별좌 소임을 맡은 동안 정진스님은 누구와도 다투지 않았다. 한 사람이 참고 견디고 감당한 인욕바라밀의 결과였다.

글을 쓰고 싶은 바람을 마음에 품은 채 수십 년을 절필한 일엽스님과 목소리가 나오지 않을 때까지 하고 싶은 말을 삼키고 또 삼킨 정진스님은 참으로 닮은 스승과 제자였다. 참아본 사람은 안다. 이 얼마나 어려운 일이며 위대한 일인지 말이다. 70여 명의 대중 스님이 먹고 마시고 입고 자는 것을 보살피며 인욕바라밀을 실천한 정진스님의 수행은 우리가 감히 헤아리기 어려울 것이다.

1969년 환희대에서 일엽스님과 정진스님

손상좌 정진스님은 5년 동안 견성암 별좌소임을 맡았으며
늘 일엽스님을 시봉했다.

집을 떠나다, 월송스님의 출가

고등학교를 마치고 일엽스님을 찾아와 출가한 월송스님은 경희스님의 상좌이자 정진스님의 사제이다. 월송스님은 전라남도 순천에서 시장을 지냈던 부친 이옥로 님과 모친 진순임 님의 5남 1녀 중 외동딸로 태어났다.

  월송스님이 태어난 1940년, 순천에는 최초의 공립 학교인 순천 공립 여학교가 문을 열었다. 지금의 순천여자중학교와 순천여자고등학교인 순천 공립 여학교는 처음에 4년제로 설립되었다가 1946년 6년제로 개편되었고 1951년 중학교와 고등학교로 분리되었다. 월송스님은 부모님의 응원을 받으며 당시 최고의 교육기관인 순천여중을 거쳐 순천여고에 진학했다. 스님의 부모님은 하나뿐인 딸이 세상에 나아가서 큰 뜻을 펼치리라 믿어 의심치 않았고 학교를 보내는데 조금도 주저하지 않았다. 만약 딸이 사회 활동에 뜻이 없고 현모양처와 같은 삶을 원하더라도 당연히 공부를 마쳐야 한다고 생각한 열린 분들이었다.

아들과 딸을 차별하지 않는 부모님의 관심과 사랑 속에서 성장한 월송스님은 자신감이 넘치는 소녀로 성장했다. 공부도 잘했고 운동에도 적극적이었다. 특히 스님은 배구며 테니스 같은 운동을 좋아했고 학교 대표 선수로 활동하기도 했다. 여학교에 다녀본 사람은 알 것이다. 동급생이나 선배 중에서 운동 실력이 탁월하고 공부까지 잘하는 학생은 마치 인기 남학생처럼 선망의 대상이 되곤 한다. 순천여자 고등학교에서는 월송스님이 바로 동급생과 후배들에게 편지와 선물을 받는 존재였다.

하지만 월송스님은 고등학교 때부터 출가를 염원하고 있었다. 스님의 부모님은 딸이 어떤 삶을 살더라도 응원했으나 가족을 떠나고, 세속을 등지는 출가 수행자의 삶은 상상해본 적이 없었다. 이러한 부모님의 마음을 알았기에 월송스님은 출가에 대한 이야기를 입 밖으로 낼 수가 없었다. 마음을 숨기고 감출수록 출가에 대한 바람은 점점 커져갔다. 졸업을 앞둔 어느 날, 월송스님은 차마 말하지 못했던 그동안의 마음과 결심을 편지지에 써 내려갔다. 자신이 떠난 뒤 남겨진 부모님을 위해 한 글자, 한 글자마다 굳은 각오를 다졌다. 스님은 그렇게 완성한 편지를 동생에게 맡긴 채 당부했다.

"꼭 내가 집을 떠나고 난 후에 부모님께 이 편지를 전해줘야 한다."

월송스님의 출가 전 순천여고 3학년 때의 사진

월송스님은 문득 지난날을 회상하며 말했다.

"참 착한 동생이야. 내가 떠나고 나거든 부모님께 편지를 전하라는 당부도 지켜주고. 의리가 있어. 그리고 그 편지를 잘 간직했다가 나에게 줬어. 나중에 보니 내가 읽어도 그렇게 명문장일 수가 없어. 내가 쓴 글 중에 최고로 명문이야! 고작 열 몇 살밖에 안 된 계집애가 어떻게 그렇게 당차게 글을 썼는지 몰라."

하지만 지금 그 편지는 남아 있지 않다. 몇 해 전 팔순을 맞은 월송스님은 가지고 있던 물건을 정리하며 오래도록 간직해온 편지를 태웠다. 자신조차 잊었던 출가의 포부가 가득 담긴 그 편지를 진작 읽어보지 않았던 것이 후회되기도 한다며 스님은 함박웃음을 지었다. 아쉽다고 말하면서도 시원하게 웃는 월송스님에게서 과거에 미련을 두지 않았던 스승 일엽스님의 풍모가 느껴졌다.

올깎이와 늦깎이

월송스님은 집을 떠나면서 커다란 포부만큼이나 커다란 보따리를 챙겼다. 봄, 여름, 가을, 겨울 이불에 방석까지 야무지게 챙긴 월송스님이 짐꾼까지 부리며 도착한 곳은 속리산 법주사였다. 일엽스님이 법주사에 계신다는 풍문만 듣고 찾아간 것이었다. 이러한 속사정을 알지 못한 법주사 스님들의 눈에는 어린 나이에 대단한 결심을 하고 출가하겠다며 제 발로 찾아온 월송스님이 너무도 기특하고 어여뻤다.

당시 스님들 사이에서는 세속에서 가정을 꾸리고 살다가 늦게 출가한 이를 '늦깎이'라고 불렀고, 처녀로 동진 출가한 이를 '올깎이'라고 불렀다. 비구니 스님 중에는 생활이 힘들어 뒤늦게 출가한 이가 많았다. 그래서 '올깎이'는 귀한 대접을 받았는데 월송스님은 무려 고등학교까지 마친 똑똑한 올깎이 후보생이었으니 법주사에서는 스님을 두 팔 벌려 환영하였다.

법주사에서는 월송스님이 출가하기 전 사중의 엄한 규율에 지쳐

버릴 것을 염려하여 행자가 되기 전까지 신도들과 어울려 놀게 해주기도 했다. 또 예비 은사스님인 정행스님은 예비 상좌인 월송스님의 몸이 약한 것이 안쓰러워 손수 약수를 떠먹일 정도로 제자에 대한 마음이 지극하였다. 이처럼 출가를 발원하고 온 이들이 정식으로 스님이 되기 전까지는 따뜻한 마음으로 받아주고 품어주는 것은 법주사의 가풍이거나 당시 법주사에 계시던 스님들의 인품이었을 것이다. 그런데 삭발을 한 달 앞둔 어느 날, 월송스님은 일엽스님이 수덕사 견성암에 계신다는 것을 알게 되었다.

법주사에서 잘 기다리고 있으면 일엽스님을 만날 수 있을 것이라 생각했던 월송스님은 그제야 법주사가 일엽스님의 거처가 아니라는 것을 알고 망연자실했다. 그동안 받은 마음과 사랑을 생각하면 마음이 무거웠으나 월송스님은 스님들 앞에서 자초지종을 말씀드렸다. 당장이라도 법주사를 떠나야 했으나 장마가 그칠 기미가 없었다. 가시방석에 앉은 듯 하루하루를 보내며 비가 그치기를 기다리던 월송스님은 오랜 장마가 끝나자마자 냉랭한 분위기 속에서 법주사를 떠났다.

들고 왔던 이불에 방석까지 다시 바리바리 짐을 챙겨서 법주사에서 수덕사까지 가는 길은 순천에서 법주사까지 길보다 몇 배는 고되고 힘들었다. 그래도 마침내 견성암에 도착한 월송스님은 그토록 뵙고 싶었던 일엽스님을 만나게 되었다. 1957년 늦여름, 그때 월송스님의 나이는 열여덟살이었고 일엽스님은 세수 환갑을 맞이할 때였다. 일엽스님은 한참 어린 월송스님을 상좌로 맞는 것을 망설이셨다. 하지만 일엽스님의 제자가 되겠다는 월송스님의 의지는 단호했다. 이에 일엽스님은 상좌 경희스님에게 월송스님을 제자로 맞을 것을 권했다. 경희스님은 월송스님에게 조심스럽게 물었다.

"나는 늦깎이이고 배운 것도 없는 사람인데 내가 은사가 되어도 되겠느냐? 후회하지 않겠느냐?"

정진스님(왼쪽)과 월송스님(오른쪽)
월송스님 출가 직후 1957년 무렵

경희스님의 솔직한 물음에 월송스님의 마음이 흔들렸다. 어린 나에게, 제자가 될 나에게 이토록 솔직하실 수가 있을까 싶은 생각이 들었다. 일엽스님의 제자가 되는 것만이 목표였던 월송스님은 경희스님의 그 한마디에 기꺼이 제자가 되기로 결심했다. 일엽스님과 경희스님 앞에서 삭발을 마친 월송스님은 그렇게 견성암에서 행자 생활을 시작했다.

여담으로 월송스님의 키는 170cm 중반으로 당대뿐 아니라 지금도 굉장히 훤칠하게 큰 편이다. 사진을 보면 어지간한 남자들보다도 머리 하나가 더 우뚝한 모습으로 비구니 스님 중에서는 가히 견줄 사람이 없는 키였다. 그런데 재미있는 것은 월송스님이 견성암으로 막 입산했을 때는 키가 그렇게 크지 않았다는 것이다. 견성암을 찾아온 월송스님은 누가 보아도 작고, 마르고, 창백하여 정진스님은 '폐병 환자가 절에 의탁하러 왔구나'하고 생각했을 정도였다. 그래서 정진스님은 경희스님에게 '저 사람은 중을 만들지 마시오.'라고 신신당부하고 별좌 소임을 하러 갔다고 한다. 그런데 돌아와 보니 월송스님이 경희스님의 제자가 되어 있는 것이 아닌가. 이것이 그때부터 사형師兄과 사제師弟가 되어 63년을 함께 동고동락한 정진스님과 월송스님의 긴 인연의 시작이었다.

정진스님과 월송스님은 산중을 떠나지 않으셨던 일엽스님과 경희스님을 대신하여 스승의 팔과 다리가 되어 스승과 함께한 모든 순간을 기억하고, 기록하고, 정리했다. 수십 년을 절필했던 일엽스님은 월송스님에게 당신의 글을 보여주었고, 시절 인연이 나타났을 때, 월송스님은 스승의 글이 세상에 나갈 수 있도록 힘껏 도왔다. 만약 월송스님이 법주사를 떠나지 않았더라면, 그래서 일엽스님을 만나지 못했더라면 우리는 일엽스님의 글을 만나기까지 훨씬 오랜 세월이 걸렸을지도 모른다. 인연이란 참으로 묘한 것이다.

금처럼 자리잡기 전이었기에 대중이 모여서 함께 정진하는 비구니 선방도 드물었고 선원장도 없던 시대였다. 그래서 죽비를 들고 규율과 질서를 다스리며 정진을 지도하는 입승이 선원을 이끌었다. 견성암에서는 만공스님으로부터 인가와 전법을 받은 일엽스님이 자연스럽게 입승이 되었다. 그 후 선원의 체계가 하나둘 세워지고 소임이 나눠진 후에도 스님은 명성을 얻을 수 있는 자리 대신 오직 입승 소임만을 계속했다.

세간에서 보아도, 산중에서 보아도 일엽스님의 명성은 이미 높았고, 자격도 충분했다. 하지만 스님은 어떠한 명예나 체면을 조금이라

흰희대의 겨울

3부. 일엽스님과 제자들

도 바라거나 원한다면 그것은 수행자의 마음이 아니라고 생각했다. 수행에 대해서는 한 치도 흔들림 없는, 철옹성처럼 단호한 의지였다. 정진하지 않을 때도 바닥에 몸을 눕히지 않는 장좌불와의 수행을 계속해 왔던 일엽스님은 결국 나이가 들면서 병환이 차츰 깊어졌다. 끝까지 정진을 계속하고자 했던 스님은 입승 소임을 보기 어려워지자 대중 스님의 수행을 방해하지 않기 위해 견성암을 떠나 환희대로 거처를 옮겼다.

일엽스님이 환희대에 주석하기 시작한 것은 월송스님이 입산한 지 3년째 되던 해였다. 수십 년의 세월이 흘렀으나 월송스님은 노스승을 따라 환희대에서 지냈던 시절을 여전히 생생하게 기억했다. 일엽스님이 환희대에 오신 후 비로소 스승을 마음 편히 모실 수 있었기 때문이었다.

견성암에 주석하실 때, 일엽스님은 음식 하나도 모든 대중 스님과 공평하게 나눠야 한다고 강조했다. 어린 시절부터 나무 타기를 잘하던 월송스님은 행자로 지내면서 계절마다 산에서 밤이며 사과 등을 따서 일엽스님께 드리곤 했는데 그때마다 스님은 '대중 스님께 모두 하나씩 드린 후에 나에게 가져와라' 하시니 산에서 딴 알밤 하나도 스승께 마음껏 드릴 수 없는 것이 늘 안타까웠다. 환희대에서는 다만 물 한잔, 사과 한쪽이라도 눈치 보지 않고 스승에게 드릴 수 있어 행복했다. 등잔불만 꺼뜨려도 일엽스님께 '성냥개비 하나도 얼마나 귀중한 것인데 조심하라'는 불호령이 떨어졌으나 사형 정진스님과 함께 야단을 맞았던 것조차 즐거운 추억이었다.

일엽스님이 견성암에서 환희대로 거처를 옮기자 스님을 찾아오는 이들이 늘었다. 수행처인 견성암에 계실 때에는 만남이 어려웠으나 환희대에서는 스님과 차 한 잔이라도 나누고 몇 마디 대화도 나눌 수 있으니 방문객들이 끊이지 않았다. 견성암이 수행처였다면, 환희대는 일엽스님이 법문을 하기에 좋았다. 일엽스님은 방문객들에게 부처님의 가르침을 전했고 간혹 친척이나 친구가 찾아와 공양하거나 머물다 가게 되면 반드시 돈이며 음식 등 보시를 당당하게 요구했다. 수행자가 정진하는 공간에 왔다면 마땅히 성의를 보여야 한다는 것이 스님의 지론이었다. 때론 그 한결같은 단호함을 야속하다고 생각하는 이도 있었으나 그것이 일엽스님의 성품임을 알고 스님의 뜻을 헤아려 살피는 이들도 많았다.

훗날 일엽스님이 열반하시고, 경희스님이 입적하신 후 월송스님과 정진스님은 마지막 순간까지 수행과 정진을 놓지 않았던 스승의 자취를 온전히 지키기 위해 '김일엽 기념도량' 건립을 염원하며 서원하였고 이를 위해 온 힘을 다하였다. 두 분 스님의 지극한 정성 덕분에 현재 환희대는 법당 원통보전圓通寶殿, 참선 정진을 할 수 있는 지대방을 갖춘 보광당普光堂 그리고 8개의 방사를 지닌 요사채 난야蘭若 등을 두루 갖춘 여법한 수행 도량으로 자리매김했다.

월송, 소나무에 달이 뜨면 금상첨화지!

월송스님은 행자 시절, 우연히 원담스님으로부터 '월송月松'이라는 법명을 받게 되었다. 어린 시절부터 나무 타기도 잘했던 월송스님은 출가 후에도 산밤이나, 사과 등 덕숭산 과실나무에 올라 열매를 곧잘 따와서 대중 스님께 드리곤 했다. 그날도 월송 스님은 금선대에서 열심히 도토리를 줍고 있었다. 찬거리며 먹을거리가 늘 부족한 공양간에 보탬이 되기 위해 시간 가는 줄도 모르고 도토리를 줍는데 마침 그 모습을 방장 원담스님이 보셨다. 원담스님은 행자 월송스님을 불렀다.

"이리 오너라, 그래 법명은 있느냐?"

아직 행자였던 월송스님은 방장 스님의 자상한 물음에 떨리기도 하고 신기하기도 했다.

"아직 행자인데 무슨 법명이 있겠습니까?"

"그래, 그렇다면 내가 지어주마"

선뜻 법명을 지어주겠다는 방장 스님의 말에 월송스님은 예를 갖춰 말했다.

"제 속가 이름은 이송량입니다. 제 이름에는 소나무 '송松'자가 들어갑니다."

월송스님의 속가 이름은 이송량. 소나무 '송松'에 좋을 '양良'을 쓴 한자는 할아버지께서 지어주신 것이었다. 입산 후에는 아예 이름으로 불릴 엄두도 내지 않고 그저 행자로 지냈던 월송스님은 법명을 주신다는 방장스님의 말에 용기를 내어 속가 이름을 말씀드린 것이다. 월송스님의 말을 들은 원담스님은 무릎을 탁, 치시며 말했다.

"좋지! 좋고말고! 소나무에 달이 뜨면 금상첨화지. 송양松良을 월송月松으로 하자꾸나."

그렇게 금선대에서 도토리를 줍던 행자 이송량은 방장 원담스님으로부터 법명을 받아 '월송月松'이 되었다. 수행자의 법명치고는 운치가 넘쳤다. 사실 법명과 법호에 운치를 담은 것은 덕숭 문중의 전통이다. 밤하늘을 가득 채운 달빛이 절로 떠오르는 월면 만공스님의 법명이 그러하고, 봄에 첫 잎 올라오는 나무 혹은 나무에서 마지막으로 떨어지는 가을의 나뭇잎이 그려지는 일엽 스님의 법명이 그러하고, 산사의 소나무 위에 뜬 달이 눈에 보이는 듯한 월송 스님의 법명이 그러했다.

  덕숭산 스님들의 법명과 법호를 가만히 들여다보면, 달빛으로 가득 찬 허공을 담은 나뭇잎이 눈앞에 그려지는 듯하다.

환희대에서 제자들과 함께 한 일엽스님

4부. 인연

"저 보따리 꺼내라"

글을 아주 단념할 수가 있겠는가?

1933년 입산한 일엽스님은 1946년 만공스님이 입적하실 때까지 14년 동안 만공스님의 가르침을 받았고 글로 세상과 소통하는 것을 즉시 멈췄다. 세상에 글을 보내지는 않았으나 잠이 오지 않는 밤이나 수행 중 떠오르는 생각들, 천금보다 귀한 인연이 떠오를 때면 연필을 들었다. 변변한 종이조차 없는 궁색한 산중 살림이었으나 신문의 가장자리, 편지지 뒷면 등을 글씨로 빼곡하게 채워나갔다. 그리고 다시 만공스님의 입적으로부터 14년이 지난 1960년, 일엽스님은 마침내 침묵을 깨고 세상에 글을 내놓았다. 스승이 열반한 후에도 스승의 가르침을 받았던 꼭 그만큼의 시간만큼 침묵을 지킨 것이다.

만공스님이 열반하신 지 15주년이 되던 1961년, 스님은 하늘 같고 바람 같은 스승을 마음껏 기리는 글을 썼다. 오랜 침묵 속에 무르익은 감정은 혈관을 타고 손끝으로 내려와 하얀 종이 위를 날아다녔다.

〈15주년 기일을 맞으며〉

유난히 따뜻한 초겨울 그 어느 날, 온세상이 그대로 잦아지는 듯이 고요하게 스님이 입적하시던 그때가 어느덧 15주 기일을 맞는 옛날이 되어 버렸다. (중략)

스님은 이런 말씀을 하셨다.

"그대는 세속에서 여류 시인이라는 말을 들었다는데 지금까지 쓰던 시는 새 울음소리이고 사람의 시는 사람이 되어 쓰는 것이다. 그래도 시를 쓰면서 문학적 수양을 하게 될 것이다. 그 방면의 연습을 다생에 거쳐 했을 터이니 그 업을 녹이기는 대단히 어려운 일이다. 따라서 글 쓸 생각, 글 볼 생각을 아주 단념할 수가 있겠는가? 그릇에 다른 것이 담겼으면 정작 담아야 할 것을 담을 수 없지 않는가?"

이에 나는 "이미 빈 마음을 가지고 왔습니다"라고 말씀드렸다. 나는 18년간을 글을 보지도 않고 쓰지도 않고 쓸 생각도 없이 지내며 곧 견성성불할 것을 서원하고 밤 10시 전에 누워 본 적이 없으며, 새벽 2시 넘어서 일어나 본 때가 없었다.

지해知解에는 좀 밝은 편이라 잔박殘薄한 문제에 대한 대답이

나마 하는 것을 보신 스님은 쉬이 깨달을 것 같이 여기나 사실 어두운 여성인 줄 아시고 "가르치기 어려운 것을 내나 되기에 가르쳐 가게 되었다"고 말씀하셨다. 스님의 은혜를 더욱 많이 입었음을 생각할 때 다시 머리 숙여 감사의 눈물을 흘리게 된다. (중략)

입산할 때는 자부심이 제법 있었지만 인간이면 당연히 의심이 날 일에 멍멍해지게 되기 쉬운 나는 스님의 말씀에 자신을 잃어버렸다. 하지만 아니할 수 없는 일을 알게 된 나는 또다시 용기를 내어 며칠씩 갈빗대를 땅에 대어 보지 않고 의심을 지어갔던 것이다.

하루는 한 생각이 일어나서 아래와 같은 시조를 지어 스님께 갔다.

내가 나를 버려두고
남만 찾아 헤맸노라
사람과 그 말소리
서로 못 봄 같아서야
뵐 모습 없사옵건만
여읠 길이 없어라

스님은 받아서 읽지도 않은 채 무릎 밑에 놓으시고 손을 내미셨다. 내가 내 두 손을 받들어 드리자 스님은 아무 말씀 없이 그 시조를 꺼내 보시더니 "한 구절 더 넣어야 겠군" 하셨다.

스님이 입적하신 이듬해에야 그 시조를 다시 고쳐 만들어보았다.

내가 나를 버려두고
남만 찾아 헤맸노라
사람과 그 말소리
서로 못 봄 같아서야
뵐 모습 없사옵건만
기거자재起居自在 하여라 (중략)

나는 이제 스님의 육체는 안 계셔도 정신은 현실화된 그 장면에서 스님화된 정진을 하는 것이라고 믿고 있다. (하략)

병신년(1956년) 10월 20일
덕숭산 견성암 만공 제자 김일엽 씀

만공스님은 입적을 앞두고 기회가 닿는 대로, 기회를 만들어서라도 법문을 설하셨다. 당신의 법문을 들은 이들이 바로 이 생애, 단 한 자락이라도 깨우침을 얻기를 바라는 간절한 마음이었다. 스승의 뜻을 누구보다 잘 알았던 일엽스님은 스승이 그랬던 것처럼 당신도 입적하는 마지막 순간까지, 입적이 가까울수록 인연이 닿는 모든 사람에게 부처님의 가르침을 전하기 위해 끊임없이 설법하였다. 아무리 고단해도, 병상에 누워서도 설법을 멈추지 않았다. 말이 나오지 않을 땐 글을 썼고, 글을 쓰기 어려울 땐 제자를 시켜 대필하게 했다. 그렇게 세상에 남겨진 글을 통해 일엽스님을 만나고 만공스님을 만난다. 그 시대를 만나고 오늘을 만나고 내일을 바르게 볼 지혜의 감로수를 한 방울씩 마실 수 있게 된 셈이다.

견성암에서 입승시절 일엽스님(뒷줄)
만공스님(중앙) 그리고 수행정진했던 도반들과 비구니스님과 여성 재가불자들과 함께

'입승스님, 입승스님'

일엽스님에 대해 잘 아는 사람들이 가장 궁금해하는 점이 있다. 누구보다 유명하고 또 반듯하고 청정한 수행자로 살았던 스님이 정작 이름 석 자 외에는 승가 안에서 아무런 지위도, 직책도 없다는 것이다. 30년 가까이 견성암에서 죽비를 손에서 놓지 않았으나 스님의 소임이 '입승'이었을 뿐 다른 소임은 모두 마다했다.

"죽비를 30년 동안 놓지 않고 계속 공부하셨다는 것은 전무후무한 일입니다. 하도 오랫동안 입승직으로 사셨기 때문에 '입승스님, 입승스님' 해서 누구나 '입승'이라는 말 자체가 '(일엽) 스님'의 이름(법명)인 것으로 모두 그렇게 생각했습니다. 알고 보니까 '입승'이라는 것은 하나의 소임이었더라고요. 저희들도 뒤늦게 알았습니다."

— 김일엽문화재단 이사장 월송스님 인터뷰 중

"감기 드셔도 그냥 눕지 않고 앉아서 (수행을) 하셔서 입승스님은 그렇게 하는 줄만 알았어요. (일엽스님이) 하도 열심히 하셔서요."

- 환희대 방주 정진스님 인터뷰 중

사실 일엽스님의 출가는 범상한 일이 아니었다. 당시 시대의 변화를 이끌었던, 제일의 엘리트 여성이 출가를 선언하고 비구니가 된 것은 실로 엄청난 화제였다. 일엽스님이 개화기 최초의 비구니, 제1호 비구니라고 회자하는 이유다. 물론 일엽스님 이전에 비구니 스님이 아니 계셨던 것은 아니다. 하지만 만공스님이라는 큰 스승에게 가르침을 받고, 인가받고, 전법계를 받으며 여법한 단계를 보여준 것은 분명 처음이었다.

일엽스님은 존재 자체로 여성 수행자, 비구니 스님의 위상을 널리 알린 희유한 불사를 해낸 분이었다. 게다가 수행 정진 또한 대단하여 만공스님의 제자이자 수덕사 방장을 역임했던 원담스님은 일엽스님의 수행력과 지혜가 덕숭산 문중의 스님 중 그 누구와도 견줄 수 없다고 언급한 적도 있었다.

누구보다 오랫동안 견성암에서 수행하였고, 견성암을 헐고 새로 건립할 때도 가장 앞장서서 불사와 모연을 이끌었던 일엽스님은 왜 견성암의 선원장을 맡지 않았던 것일까.

첫째는 명성과 명예에 대한 집착이 조금도 없었기 때문이다. 스님은 이름의 무상함을 누구보다 잘 알고 계셨기에 집착하지 않았고 명

견성암에서 발우공양 중인 스님들
맨 오른쪽이 월송스님

성과 명예에 뒤따르는 소란과 소음이 어떤 것인지 잘 알았기에 온갖 소문에도 단 한마디 항변도 변명도 하지 않았다.

둘째는 스님은 수행자 그 자체의 삶에 집중했기 때문이다. 만약 스님이 마음만 있었다면 자신의 명성과 명예를 이용해 문중의 기틀을 다지고, 선원장의 이름을 취하는 것은 어렵지 않았을지도 모른다. 하지만 문중을 키워나가는 것은 책임이 따르는 일이며 제자에 대한 욕심과 기대, 희망과 원망 등 온갖 감정에 휘둘리게 될 것을 스님은 이미 알고 있었다. 그래서 스님은 끝까지 한 사람의 수행자로 살아가고자 했다. 그것이 스님이 출가한 이유이자 부처님 법을 만난 이유였다.

마지막으로 스님은 자애심을 버릴 수가 없었다. 출가하겠다며 일엽스님을 찾아오는 여인 중에는 기구한 사연이 있는 이들이 많았다. 실연하거나, 버림받았거나, 생계가 막막한 이들, 과거 어두운 업계에 종사했던 이들까지 스님은 내치지 않고 받아주었다. 그래서 일엽스님 곁에는 제자라 부르기 어려운 이들이 늘 있었고, 이들 중에는 다시 속세로 돌아가거나 어느 날 종적을 감춘 이들도 있었다. 하지만 스님은 이들을 탓하거나 원망하지 않았다. 스님은 찾아온 이들이 다시 세상으로 나가거나 수행에 정진하거나 그조차 아니라면, 그저 먹고 살기 위해 머물거나 어떤 이유에서건 머물도록 허락했다. 단 한순간이라도 부처님 곁에서, 청정한 덕숭산에서 마음을 내려놓고 정신을 맑게 가다듬고 티끌만 한 지혜라도 얻어 배우기를 간절히 바랐다.

만약 스님에게 특별하고 높은 지위나 직위가 생겼다면, 길을 잃고 헤매는 이들은 높고 단단한 문턱 앞에서 부처님의 곁에 다가서기 어려웠을지도 모른다. 오히려 그런 스님 덕분에 스님의 보배로운 글을 만날 수 있게 되었다. 27년의 절필 끝에 다시 세상에 나온 글은 그 어떤 방편보다도 강력한 포교의 바람을 일으켰다. 훗날 수덕사 주지스님이었던 옹산스님은 젊은 시절, 일엽스님의 책을 읽고 출가를 결심했다고 밝힌 바 있다.

낡은 보따리 속 종이 뭉치

"저 보따리 꺼내라"

어느 날 일엽스님은 다락을 가리키며 월송스님에게 말했다. 월송스님은 얼른 보따리를 가져와 스승 앞에 펼쳤다. 보따리 속에는 퀴퀴한 냄새를 풍기며 곰팡이로 얼룩진 빛바랜 종이들로 가득했다. 찬찬히 살펴보니 이삼십 년은 됨직한 묵은 원고들은 오래된 신문의 가장자리 여백들, 빛바랜 편지지 뒷면에 연필로 꾹꾹 눌러쓴 일엽스님의 필체가 빼곡했다.

스승 만공 대선사로부터 글 쓸 생각을 아주 단념할 수 있느냐는 말을 들은 후 일엽스님은 세상에 글을 내놓지 않았다. 만공스님은 문인이자 여류작가라는 명예를 내려놓아야 선지식으로 거듭날 수 있으리라 생각했다. 만공스님은 일엽스님이 큰 수행자가 될 것으로 여겼기에 수행과 깨달음이 완성되기 전까지는 글쓰기에 대한 욕망을 버리라고 당부하신 것이다.

'그릇에 다른 것이 담겼으면 담을 것을 담지 못하지 않는가?'

일엽스님은 무엇보다 수행이 먼저라는 만공스님의 당부에 담긴 마음을 알았기에 27년 동안 산문 밖으로 한 줄의 글도 내보내지 않았고, 잠을 잘 때도 눕지 않고 장좌불와 수행을 했다. 글을 쓰고 싶은 마음이 일어날 때면 꾹꾹 눌러쓴 종이들을 그저 보따리 속에 넣어두었다. 산중에는 무엇 하나 넉넉한 것이 없었고 하물며 종이는 구하기조차 힘들었다. 그래도 일엽스님은 글을 썼다. 신문의 가장자리에, 편지 봉투와 편지지의 뒷면에 빼곡히 써 왔던 것이다.

만공스님의 말씀은 영원히 절필하라는 것이 아니었다. 만공스님은 일엽스님의 탁월한 문학적 재능이 중생을 교화하는 방편이 되기를 바랐다. 완전한 깨달음을 얻은 후에야 중생을 마음을 살피고 시대의 흐름에 맞는 포교와 교화가 이루어질 수 있었다. 만공스님은 일엽스님이 깨달음을 이룬다면 이 역할을 해내리라 생각하신 것이다.

"성품을 백련과 같이 한 후에는 산문山門을 나가 중생을 널리 교화하라."

만공스님의 말씀처럼 깨달음이 완성되고, 마음이 공으로 돌아가자 시절 인연이 찾아왔다. 일엽스님은 월송스님과 함께 보따리 속에 넣어두었던 원고들을 꺼냈다. 일엽스님이 30년 가까이 꺼내지 않았던 원고를 보따리에서 꺼낸 이유는 무엇이었을까. 첫 번째는 만공스님이 말씀하신, 중생 교화를 위해서였다. 두 번째는 함께 글을 읽고 이야기를 할 수 있는 제자 월송스님이 있었기 때문이다. 입산한 지 30년이 지났어도 여전히 고등학교를 마친 여성을 찾기 어려운 시대였다.

월송스님은 스승 일엽스님의 원고를 함께 정리하고, 출판사와 서점을 오가고, 사람들을 만나며 일엽스님의 책이 나오는데 막중한 역할을 했다. 마지막은 동국대학교 총장으로 있던 백성욱 박사로부터 깨끗한 원고지 한 묶음이 환희대로 도착한 덕분이었다. 백성욱 박사는 일엽스님에게 다시 글을 쓸 것을 진심으로 청했다.

한때 세상을 호령했던 노 스승과 세상을 알기 전 산중으로 온 어린 제자는 낡은 보따리 속 빛바랜 종이를 하나씩 꺼내 함께 읽었다. 맞춤법이 틀린 글자들, 중복된 이야기들이며, 월송스님은 알아보기 힘든 한자들을 만나면 스승에게 여쭈었다.

"노스님, 이게 무슨 글자에요?"

월송스님의 물음에 일엽스님이 웃으며 대답했다.

"월송아, 나도 무식하지만 너도 참 무식하다."

노 스승과 어린 제자는 함께 머리를 맞대고 보따리에 가득했던 종이 뭉치의 글들을 한 장 한 장 정리해 갔다. 1960년, 출가 수행자로서 일엽스님이 세간에서 삶을 되돌아본 이야기를 담은 첫 번째 저서 〈어느 수도인의 회상〉이 동국대학교 출판부에서 간행되었다. 30여 년 만에 나온 책은 다시 세상을 뒤흔들었다. 일엽스님의 고요하고 잔잔한 사자후였다. 이어서 일엽스님은 〈청춘을 불사르고〉(1962), 〈행복과 불행의 갈피에서〉(1964)을 연달아 세상에 발표하며 그야말로 중생을 널리 교화한다.

일엽스님의 편지 1
B씨에게

 시간은 빠르게 흘러 일엽스님이 입산한 지 13년이 지난 어느 가을, 수덕사에서 소포를 찾아가라는 기별이 왔다. 상좌를 보내 찾아온 소포에는 백성욱 박사가 쓴 '불교철학'에 관한 책 세 권과 직접 번역한 세 권의 경전 등 여섯 권의 책이 있었다. 발신인 이름이 없는 소포였으나 일엽스님은 단박에 백성욱 박사의 필체를 알아보았다.

 한 계절이 지나고 겨울, 한 비구니 스님이 백성욱 박사가 보낸 것이라며 약 한 보따리와 우유 열 통 그리고 약간의 돈을 가지고 왔다. 일엽스님이 몸을 돌보지 않고 수행에 전념한다는 소식을 들은 백성욱 박사가 단골 의사에게 보약을 지어서 보낸 것이었다. 1년 치 보약을 지어보내고 싶었으나 의사의 권유와 들고 가는 사람을 생각하여 반년 치만 짓되 우유 10통에 현금을 더하여 보낸 것이었다. 발신인 없이 도착했던 책과 달리 보내는 이가 분명한 보약과 우유에서는 따뜻한 마음이 느껴졌다.

 이듬해 봄, 백성욱 박사는 캐러멜 10통을 보냈다. 세 번의 선물을 받은 후 일엽스님은 백성욱 박사에게 편지를 보냈다. 편지를 쓰다 보니 옛 기억이 떠올랐다. 스님은 한때 다정했던 기억조차 억지로 지워버릴 필요는 없으리라 생각하며 옛이야기를 가감 없이 편지에 담았다.

> (상략) 지금의 나는 그 옛날과 같이 오래도록 울기만 하고 있을
> 어리석음은 좀 면하게 된 비구니입니다.
> 아무튼 두 번의 실연의 고배는 마시기 싫습니다.
> 더구나 속정俗情의 사랑이 아니요,
> 무가보無價寶를 떼어 바치는 가장 귀한 사랑입니다.
> 이 편지 답장만 아니 주시면 당신의 마음을 알겠습니다.
> 그때는 쓴웃음 한번 웃고 나서 더 이상 괴롭게 구는 여인이
> 되지 않으렵니다.
> 당신의 마음을 모르기 때문에 바삐 바삐 적습니다.
>
> 3월 18일 옛 여인 합장

곧바로 답장이 올 것이라는 예상과 달리 답장은 오지 않았다. 그리고 얼마 후 월송스님이 발신인 없는 편지를 일엽스님에게 전해주었다. 월송스님은 어떻게 백성욱 박사의 답장을 일엽스님께 전할 수

있었을까. 당시 월송스님은 한 비구니 스님의 부탁으로 가게 된 동국대학교 총장실에서 백성욱 박사를 처음 만났다. 월송스님이 일엽스님의 손상좌라는 것을 안 백성욱 박사는 자신의 전생 이야기를 들려주며 답장을 전해주었다. 그렇게 들고 간 답장에 담긴 글은 일엽스님의 기대와 달랐다.

> 지금은 당신의 편지를 읽어 봅니다. (중략) 감내하기 어려운 이 거창한 사업을 지탱해 가느라고 한가한 틈은 정말 얻기 어렵습니다. 더구나 동지나 심복이 적은 나의 일은 어느 부분이나 몸소 돌보지 않으면 안 되므로 답장을 쓰려고 별렀으나 진작 회답을 못했습니다.
>
> 나는 재산이 없고 자비심이 적어 널리 보시는 못하지만 병자를 보거나 긴급한 사정을 보고 그저 지나지는 못하는 사람입니다. 생산 못하는 수도자修道者이니 조금만큼 드린 그것을 고마워할 것은 없습니다. (중략)
>
> 무슨 생각이 일어나든 정진으로 녹여서 생각이 끊어지고 언어의 길이 다한 자리에 이르시기를 진심으로 권할 뿐입니다. 정진의 힘이 약하게 되신 듯 성현의 가피력이 필요한 듯하오니 참회기도를 하십시오.

백성욱 박사의 전생 이야기

월송스님이 백성욱 박사를 처음 만났을 때, 백성욱 박사는 스님에게 자신의 전생 이야기를 들려주었다. 월송스님은 지금 세상에도 전생을 훤히 아는, 숙명통에 통달한 사람이 있다는 것에 놀라며 백성욱 박사의 법문을 들었다. 그 내용은 신기하고도 놀라웠다.

기억 속에 있는 첫 번째 생에서 백성욱 박사는 부처님의 법을 가르치는 강사講師 스님이었고 그의 스승은 선방을 다니며 참선 수행을 하는 선객禪客이었다. 어느 날 강사 스님은 스승의 임종이 가깝다는 기별을 받고 급히 스승이 계신 절로 향했다. 절에 도착하니 스승은 벌써 단정하게 좌선한 채 입적에 들어가기 직전이었다. 하지만 마지막 순간, 잠시 정신력이 모자랐던지 다리를 뻗으며 몸이 기울어졌다. 살짝 흐트러진 스승의 모습을 본 강사 스님은 생각했다.

'내 생명의 의복인 육체를 바꾸는 데 자유로운 것은 자신만만하기

때문이다'

그로부터 10년이 지나, 강사 스님이 임종을 맞이하게 되었다. 죽음의 순간 살짝 흐트러진 스승의 모습을 보며 자신은 여여한 열반을 할 것이라 확신했던 강사 스님은 죽음을 앞두고 고통에 몸부림쳤다. 살을 오려내고 골절이 무너지는 듯한 극심한 고통 앞에서 강사 스님의 오만함은 무너질 수밖에 없었다. 강사 스님은 평범한 사람처럼 팔다리를 허우적거리다가 주저앉은 순간, 숨이 끊어졌고 아픔과 괴로움에 정신이 온통 흐트러진 바람에 스님의 영가는 음기에 둘러싸여 갇혀버렸다.

음기에 막혀있던 영가는 한 스님이 문 열고 나가려는 틈새 빠져나왔고, 스님의 걸음을 따라 뒷방으로 향했다. 뒷방에 가보니 대중이 모여 강사 스님의 장례 비용을 놓고 다투고 있었다. 소란하고 혼란한 모습에 영가는 서둘러 뒷방에서 빠져나와 다시 스님을 따라갔다. 스님은 고개 너머에 사는 여인과 남녀의 인연을 맺고 있었는데, 영가는 여인의 태에 들어가 사내아이로 태어났다. 이 갓난아기가 백성욱 박사가 기억하는 두 번째 생이었다.

백성욱 박사의 두 번째 생은 아주 빠르게 끝났다. 태어난 지 일곱 달이 되었을 때, 여인은 새근새근 잠든 아이를 산 중턱의 아늑한 자리에 눕혀 놓고 일하러 갔다. 아이가 있던 자리는 처음에는 아늑했으나 점차 한낮의 뜨거운 햇볕에 노출되었고, 앉지고 걷지도 못하던 아이는 결국 일사병으로 숨이 끊어지게 되었다. 세상에 태어나 어떠한 업도 짓지 않은 채 빠르게 죽음을 맞이한 갓난아이의 순수한 영가는 곧 다시 다른 여인의 태에 들어가 이번에도 남자아이로 태어났으니 이것이 바로 세 번째 생, 백성욱 박사의 삶이었다.

백성욱 박사의 친어머니는 그가 어린 시절 세상을 떠났다. 하지만 아들에 대한 애착으로 극락왕생하지 못한 채 구천을 떠돌았다. 아무리 천도재를 지내고, 불경을 외워도 어머니의 영가는 백성욱 박사 곁을 머물며 떠나지 않았다. 백성욱 박사는 극락왕생하지 못하고 구천을 헤매는 어머니를 애처롭게 생각하며 어머니의 영가와 함께하는 삶을 자신의 숙명으로 받아들였고, 그러한 연유로 항상 어깨가 무겁고 몸이 으슬으슬할 때가 많다고 하였다. 백성욱 박사가 이야기를 마친 후, 월송스님은 문득 궁금한 것이 있어 질문하였다.

"과거 삼생의 전생을 이리 훤히 아신다는 것은 숙명통에 통달하셨다는 것인데 그렇다면 박사님의 현재 능력은 어떻습니까?"

월송스님의 당찬 질문에 백성욱 박사는 빙그레 웃으며 대답했다.

"지금은 생사쯤은 자유롭지"

월송스님은 환희대로 돌아와 일엽스님께 답신을 전하며 전생 이야기도 함께 들려 드렸다. 백성욱 박사가 월송스님에게 들려준 법문은 실은 일엽스님에게 하는 이야기나 다름없었다. 몰랐던 사실을 알게 되자 인연은 더욱 새롭게 다가왔다. 일엽스님은 다시 펜을 들어 편지를 썼다.

> 어머니의 일로 몸소 겪는 괴로움이니 어찌 다시 정情의 바다에 빠지겠습니까. 업業이 두꺼운 여인의 몸인 나인 것을 새삼스럽게 느낍니다. 당신은 끝끝내 나의 선배로 직접 나를 지도하는 분입니다. 당신이 나와 같은 태도로 나갔다면 우리의 참된 생명을 죽음의 길로 빠뜨리는 일일 뿐 아니라 불교에 수치를 끼쳐 불은佛恩을 배반하는 결과가 되었을 것이 아닙니까? 더욱더 경모하오며, 세상에서 지기나 지도해 줄 이를 얻는다는 일은 백천만 사람 중에 한 사람도 드물다는데 우리는 시공時空을 초월한 반야 동무가 되게 되오니 얼마나 만족한 일이옵니까? (하략)
>
> 11월 21일 합장

당신은 나를 사랑으로 달래고 냉정으로 가르쳐서 인간을 만드는 불문으로 들어오게 하신 것입니다. 어쨌든 영원의 생명을 살린 유일한 길! 이 길로 들어오게 된 그 기쁨을 어찌 표현할 수 있겠습니까? (중략) 인생은 청춘 때 가졌던 그 마음을 늙어서까지 가지고 살고, 죽어도 가슴에 품고 가게 됩니다. 죽어도 살아도 사라지지 않는 청춘! 사를 수 없는 이 청춘이언만, 그대로 불사를 수 있는 법을 배우는 내가 아닙니까? 아무래도 이 청춘을 사르지 못하면 생사를 초월한 영원한 청춘을 얻을 길은 없습니다. 다시 말이지만 중생적인 이 청춘을 나머지 없이 불살라 버려야 늙음과 죽음이 없는 만년 청춘을 얻을 것을 겨우 알기나 하는 나로서는 어느새 이 소아적小我 청춘을 이미 불살라 버린 듯이 〈청춘을 불사르고〉라는 책제로 남을 가르치는 책까지 버젓이 세상에 내놓았습니다. (중략) 다만 변치 않는 동지로 성불의 길을 동행하며 사업으로 서로 돕는 벗, 곧 동지가 되기를 바랄 뿐입니다.

7월 17일 밤 백련 합장

중간 부분을 생략하긴 했으나 일엽스님이 쓴 글은 단편소설 분량보다도 훨씬 긴 편지였다. 일엽스님의 긴 편지를 받은 후 백성욱 박사는 일엽스님에게 발신인의 이름을 쓴 긴 답장을 보냈다. 백성욱 박사는 수십 년의 세월 동안 잊지 못했고, 지난날을 떠올릴 때면 마음에 소용돌이가 쳤던 순간을 솔직하게 고백하며 마침내 일엽스님을 완벽한 도반으로 받아들이기까지의 치열한 수행과 깨달음을 이야기했다.

수행자가 가장 넘기 어렵다는 정情을 돌파하여 깨달음을 성취한 두 분은 부처님의 법을 실천하는 수행자이자 서로를 이해하고 응원하는 도반이 되었다. 또한 한국 불교사에 있어 불세출의 인물로 커다란 공적을 남기며 아름다운 인연을 완성했다. 완벽한 회향이었다.

일엽스님께

세속 사람들도 숨겨 뒀던 비밀이나 사건, 또는 때를 기다려 발표하려던 중대한 일을 회갑날에 발표한다 합니다. (중략) 우리는 다생多生으로 같이 수도하던 동지였습니다. 그러나 몇 생 전부터 우리는 좀 더 친밀감을 가진 동무로 지내게 되었던 것입니다. 나보다 엽 스님이 조금 더한 애착을 가졌던 탓으로 엽 스님은 3생 전부터 여자로 태어나서 나를 따랐던 것입니다. 그 후로 나도 엽 스님에 대한 애착심을 갖게 되어 공부에 큰 성취가 없기 때문에 3생 전에는 내가 생사의 자유를 잃어버리게까지 되었던 것입니다.

금생에도 내가 엽 스님에게 가졌던 정의 영향이 없는 것은 아니었으나 곧 깨달은 바 있어 단연한 생각을 가지면서도 처음 만났을 때는 만주 방면으로나 산중으로까지 엽 스님과 동행할까 생각했습니다.

(중략) 입산해서 몇 해 지났을 때 엽 스님이 내 주소를 어찌 알았던지 내게 편지를 보내지 않았습니까? 그 편지가 'B씨에게'라는 첫 번째 편지의 줄거리였습니다. 그때야말로 엽 스님을, 엽 스님의 모습을 간직한 내 가슴에서 송두리째 들어내려고 애쓰던 때였지만 그 간곡하고 애절한 사연은 모르는 이까지도 한 줄기 눈물을 아니 흘릴 수 없을 만했으니 그 대상인 내 맘의 괴로움은 억제하지 않았습니다.

그만 하산하여 어디 취직이라도 하여서 엽 스님의 외호 밑에서 둘이 공부하게 되면....하는 망상이 정진에 혼란까지 줄 때가 있었습니다. 산새의 울음소리도 엽 스님의 애절한 하소연인 듯, 창문을 스르르 스치는 솔바람조차 엽 스님의 매력적인 그 눈에 눈물을 머금은 채 날 그려 한숨 쉬는 그 소리의 안내

자로 화하던 것입니다.

(중략) 그러나 편지 답장이라도 보낼까 망설이다가 그 일조차도 종내 그만두었습니다. (중략)
엽 스님에게 냉정한 것은 나를 억제하려는 의지 때문이었습니다. (중략)
석가모니 부처님이 제자들과 함께 나무그늘에서 쉬시다가 앞에 보이는 활활 타오르는 불더미를 손으로 가리키시며

"저기 저 불더미를 볼지어다! 너희들은 다 같이 보드라운 미인의 몸이 그리울 것이다. 그러나 저 불더미를 안는 것이 보드라운 미인의 몸뚱이를 껴안는 것보다 해됨이 오히려 가벼우니라. 불은, 불을 죽여도 정신의 해는 주지 않지만 미인의 몸은 참 생명인 정신을 죽이나니… 너희들은 그것을 알고 수행해야 하느니라." 하시어 60명은 깨닫고 60명은 피를 토하고 60명은 달아났습니다.

나와 엽 스님의 두 불덩어리가 합쳤다면 어떤 위험이 닥치지 않았겠습니까?

내 송수기념頌壽紀念을 한다고 오늘 모인 대중들은 한결같이 나의 인격과 사업의 성공을 한껏 찬양합니다. 그러나 내게는 남들이 모르는 보다 더 크게 장하다고 할 일이 있습니다. 그것은 생로병사와 똑같은, 면치 못한 인연 깊은 엽 스님을 여의고 또 냉정하게 할 수 있었던 일입니다. (중략)

이제 엽 스님은 회심의 미소가 있으리라 상상하오니 나도 자연 빙그레하여 집니다. (중략)

아무튼 이제 우리의 사랑은 사랑의 극치에 이르렀을까요?

(하략)

정유년(1957년) 8월 19일 B 합장

출가를 꿈꾸던 여고생

사실 월송스님과 백성욱 박사의 인연은 월송스님이 순천여고에 다니던 시절로 거슬러 올라간다. 월송스님은 졸업을 앞두고 출가 결심을 굳혔다. 그때가 1950년대 중반으로 이미 일엽스님이 수행자가 된 지 30년이 되었으나 여전히 여인의 출가에 대한 시선은 편견으로 가득했다. 삶이 어렵고 힘들어서, 먹고 살기 위해 출가한다는 인식도 강했다. 시대가 그러했고 시절이 그러했다. 하지만 남부럽지 않은 재력을 갖춘 집안에, 학교까지 다닌 당대 엘리트 여학생이던 월송스님은 스스로 출가를 결심했고, 은사스님으로 일엽스님을 마음속에서 그리고 있었다.

하지만 이러한 생각과 마음을 누구와도 의논할 수가 없었다. 의논은커녕 출가에 뜻이 있다는 것을 혹시라도 부모님과 선생님이 아실까 감추기에 급급했다. 막막하고 막연하기만 한 수행의 세계를 제대로 가르쳐주고 이끌어줄 어른과 스승이 참으로 절실했다. 출가하고 싶은 마음을 들키지 않기 위해 더욱 밝은 모습으로 학교생활을 할 수밖에 없었다. 하지만 월송스님이 뭔가 변하고 있다는 것을 느낀 부모님과 선생님들은 더욱 각별한 관심을 가지고 스님을 지켜봤다. 걱정 어린 눈빛과 관심은 무거운 부담으로 다가왔다. 이 시기, 월송스님은 일면식도 없는 동국대학교 총장 백성욱 박사에게 편지를 보냈다.

'저는 순천여고에 다니고 있는 이송량이라고 합니다. 출가에 뜻이 있으나 그 길을 알려줄 스승도, 이끌어 줄 어른도 없습니다. 불교대학교인 동국대학교 총장님께서 부디 저에게 어느 스승을 만나면 좋을지, 어느 사찰에서 출가하면 좋을지 꼭 가르침을 주시길 간곡히 부탁드리옵니다.'

서울에 있는 동국대학교는 불교대학이라는 소리를 얼핏 듣고 기억해두었다가 다짜고짜 편지를 써서 보낸 것이다. 그리고 수년이 지나 일엽스님의 손상좌가 되어 스님의 책 출간을 돕고 또 동국대학교에 다니게 되었을 때, 월송스님은 문득 백성욱 박사에게 물었다.

"혹시 몇 년 전 비구니로 출가하고 싶다는 여고생의 편지를 받으신 적이 있는지요?"

기억을 더듬던 백성욱 박사가 깜짝 놀란 얼굴을 하자 월송스님이 말했다.

"그 여고생이 바로 접니다."

그러자 백성욱 박사는 만감이 교차하는 표정으로 월송스님을 바라보았다. 아무 연고 없이 보낸 편지였기에 답장은 받지 못했으나 인연의 힘은 참으로 강력하여 결국 월송스님은 일엽스님과 백성욱 박사를 모두 만나게 된 셈이었다. 이러한 인연 때문이었을까. 백성욱 박사는 월송스님에게 동국대학교 입학을 권하며 장학금을 제안하기도 했다. 스님들이 대학에서 공부하는 것이 극히 드물던 시절이었다. 하지만 백성욱 박사는 월송스님의 총명함과 자질을 단박에 알아본 것이다.

승복을 입은 대학생

일엽스님은 글을 포교와 전법의 방편으로 삼고자 했을 때, 월송스님은 일엽스님을 보필하며 스승의 글이 세상에 반듯하게 나오기까지 보이지 않는 곳에서 거의 모든 역할을 했다. 〈어느 수도인의 회상〉과 〈청춘을 불사르고〉를 출간하면서 월송스님은 환희대에서는 스승 일엽스님과 함께 원고를 다듬고, 다듬은 원고를 들고 서울로 올라가 백성욱 박사와 출판부에 전하고 서점을 돌며 판매를 확인하고 인세와 원고료를 정리했다. 그야말로 일엽스님의 움직이는 손과 발이자, 비서이자 대리인이 되어 심부름을 도맡았다.

  백성욱 박사는 처음 해보는 일도 두려움 없이 야무지게 해내는 월송스님이 대학에서 더 많은 것을 배우고 더 큰 세상을 볼 수 있도록 길을 열어주고자 했다. 하지만 일엽스님은 월송스님이 대학교에 가는 것을 완강하게 반대했다. 일엽스님 자신은 대학은 물론 유학까지 다녀온 당대의 엘리트 여성이었으나 입산하여 만공스님의 가르침을 받은 후 오직 화두를 참구하여 깨달음을 얻는 것이 제일이라는 자부심이 강했다. 특히 일엽스님은 수행과 정진을 통해 깨달음을 얻은 후 부처님의 가르침을 문자로 익히는 것에 대해 부정적이었다.

"육조선사는 글을 몰라도 성불하였다. 부지런히 선방에서 참선하여 깨달음을 얻는 것이 중요하다. 부처님 법을 공부하고 스스로 깨달음을 얻기 위해 정진하는 것은 최상의 도를 배우는 것이다. 이 법을 배우기 위해 입산한 수행자가 대학에 가서 문자 공부한다는 것은 다시 유치원생이 되는 것이나 다름없다. 선방에서 참선하던 제자가 문자 공부를 배우러 강원에 간다면, 그는 내 제자가 아니며 우리 문중이 아니다!"

일엽스님의 뜻은 확고했고 이런 스승의 뜻을 알았기에 월송스님은 세간에서 공부하고자 하는 마음을 낸 적조차 없었다. 그런데 백성욱 박사가 장학금을 제안하며 대학 입학을 권한 것이다. 월송스님은 먼저 백성욱 박사에게 물었다.

"중이 불교대학에 다니면서 승복을 입지 못한다면 그것은 잘못된 것입니다. 승복을 입고 대학에 다닐 수 있다면 스승님께 여쭤보겠습니다."

대학에서 불교를 공부한다는 것을 인정할 수 없다는 스승의 뜻을 받들고자 어렵게 꺼낸, 거절의 방편이었다. 동국대학교에 건립되었으나 비구니 스님이 대학에 다니는 일은 실로 희귀한 시절이었다. 월송스님에 앞서 동국대학교에 입학했던 광우스님(1995~2003년 전국비구니회 회장 역임)조차 바지를 입은 남성 정장 차림으로 학교에 다녔을 정도였다. 그러나 월송스님의 말을 들은 백성욱 박사는 뜻밖에도 그 자리에서 승낙하였다.

"그렇다면 승복을 입고 학교에 다녀라."

환희대로 돌아온 월송스님이 일엽스님에게 자초지종을 말씀드렸다.

"백 박사님께서 승복 입고 학교에 다녀도 된다고 하십니다."

제자들이 강원에 가는 것조차 노여워하며 반대했던 일엽스님은 월송스님의 말을 듣고 한참을 생각한 후에 이렇게 답하였다.

"그렇다면(승복을 입고 대학에 다니는 것이라면) 의의가 있다. 가라, 대학에."

그리하여 1960년, 월송스님은 일엽스님 문중 제자 중 최초의 대학생이자 동국대학교에 승복을 입고 다닌 최초의 스님이 되었다. 지금

화분에 물 주는 월송스님과 일엽스님

꽃 가꾸기를 좋아하신 일엽스님을 위해 월송스님은 한겨울 눈 속에서
푸른 잎이 남아 있던 딸기 덩굴을 캐서 화분에 옮겨 심기도 했다.

동국대학교에서 소임을 맡거나 공부하는 스님들은 당연히 승복을 입는다. 하지만 대학 교정에서 승복을 입은 최초의 학생은 바로 월송스님이었다. 월송스님은 대학에 간 첫날을 기억하며 이렇게 말씀하셨다.

"정말이지, 그때까지 나 말고는 아무도 승복을 입은 사람이 한 명도 없었어. 비구니가 대학에 다니는 것도 드물었지만 승복은커녕 대학에서는 남자 양복을 입고 다니던 시절이었으니까."

우여곡절 끝에 승복을 입고 대학에 등장한 월송스님은 일엽스님의 제자답게 센세이션을 일으켰다. 그 시선의 끝에는 승복 입은 대학생 비구니를 못마땅해하는 이들도 있었고 시기와 질투도 가득했다. 특히 스님들이 더욱 그랬다. 서울이나 지방이나, 학교에서나 사찰에서나 일단 얼굴을 마주치는 스님들마다 월송스님에게 무안을 주거나 시샘 어린 비난의 말들을 퍼붓곤 했다. 하지만 시간이 흐르면서 승복을 입고 공부하러 대학에 오는 스님들이 더욱 많아지자 비난의 소리는 차츰 사라졌다.

비난의 소리가 잦아들었다 하여 말로 입었던 상처가 완전히 사라질 수 없었다. 그러던 어느 날, 월송스님은 자신을 가장 격렬하게 비난했던 한 비구니 스님을 동국대학교에서 만나게 되었다. 월송스님과 마주친 그 스님은 어색한 얼굴로 이렇게 말했다.

"내가 그때 자네를 그렇게 나무랐는데… 내가 학교를 왔네 그려."

'미안하다'는 말은 없었으나 머뭇거리는 찰나마다 미안한 마음이 가득 담긴 한 마디에 월송스님은 마음이 스르르 풀어지며 웃음이 나왔다. 세계일화世界一花. 세상은 하나의 꽃이다. 따라서 미워할 것도 원망할 것도 없다는 것이 만공 대선사의 가르침이었다. 비록 씨앗이 뿌려지기 전, 땅에 거센 비난이 퍼붓고 지나간 자리라 할지라도 시절이 무르익으면 인연은 아름다운 꽃이 피고 열매를 맺을 수 있다. 다투지 않고, 화내지 않고, 해명하지 않고, 변명하지 않는 것! 이것이야말로 대학에서 배울 수 없는, 일엽스님이 월송스님에게 가르쳐준 것은 삶의 태도이자 수행자의 마음가짐이었다.

최초가 되는 것은 언제나 어려운 법이다. 처음이 되었기에 이 세상 그 누구보다 세간의 말과 비난에 시달렸으나 누구보다 초연하고 자유로웠던 일엽스님이 계셨기에 월송스님도 이겨낼 수 있었다. 스님과 함께 동국대학교에서 공부했던 학우들은 훗날 월송스님이 수덕사 건립 불사의 화주를 맡자 발 벗고 나서서 도와주었다. 월송스님의 동국대학교 학부생 시절의 이야기들은 만공스님의 가르침이 진실이라는 것을 우리에게 보여준다.

5부. 소문과 거짓말

"호들갑 떨 것 하나 없다."

이제야 인정하네!

1962년 5월, 일엽스님이 대중에게 크게 알려지게 된 대표작 〈청춘을 불사르고〉가 출간되었다. 일엽스님이 출가 전 세속에서의 사랑과 연애에 대한 솔직한 이야기를 담은 〈청춘을 불사르고〉는 일반출판사에서 출간되어 대중의 열렬한 관심을 받으며 베스트셀러로 자리매김했다. 30년 동안 세간에서 사라졌던, 그 유명한 김일엽이 수덕사에서 비구니가 되었다는 이야기는 호기심을 자극하기에 너무나 충분했다.

〈청춘을 불사르고〉가 출간된 후, 일엽스님을 만나기 위해 수덕사를 찾는 사람들의 발길이 마치 물길처럼 이어지기 시작했다. 환희대 방문객이 하루 천여 명을 넘기도 하면서 월송스님과 정진스님은 처음 보는 광경이라고 입을 모았다. 경희스님, 정진스님, 월송스님을 비롯하여 일엽스님의 제자들은 모두 손님맞이에 동원될 정도였다.

일엽스님의 방문객에는 스님의 글에 감동하여 오는 이들도 많았지만 스님의 사생활이 궁금해 찾아오는 이들도 많았다. 〈청춘을 불사르고〉를 제대로 읽은 사람은 불교에 관심을 가졌겠지만, 호기심과 흥밋거리만 찾은 사람은 스님의 연애 이야기에 끌렸을 것이다. 일엽스님과 함께 글을 정리하며 출간을 도왔던 월송스님은 원고를 다듬으며 책을 만드는 내내 이를 염려했다.

정작 일엽스님은 조금도 개의치 않았다. 일엽스님이 〈청춘을 불사르고〉에서 젊은 시절의 이야기를 가감 없이 담은 이유는 감정의 희노애락에 휘둘리지 말고 내가 내 몸과 마음의 주인이 되어야 한다는 부처님의 가르침을 전하기 위해서였다. 사랑 이야기는 방편이고 부처님의 가르침을 알리는 것이 본론인 셈이었다. 게다가 이미 세속을 벗어난 지 30년이 흐르지 않았던가!

30년이 지난 후에도 사람들이 가장 궁금해하는 것은 단 하나, 김일엽의 연애사였다. 사람들은 책에 미처 담지 못한 숨겨진 이야기가 더 있을 것이라고 멋대로 확신했고 일엽스님에게 그 답을 듣겠다며 환희대를 찾았다. 일엽스님은 출가 전 사생활을 묻는 무례한 이들에게도 차별 없이, 몸을 아끼지 않고, 잠을 아끼지 않고 법문을 했다. 부처님 가르침을 한마디라도 듣는 것이 사람의 인생이 달라질 수 있는 기회라고 믿었다. 월송스님은 이 시절을 기억하면서 고개를 가로저었다.

"우리 일엽 노스님을 뵙기 위해 올라가고 내려가는 사람들이 궁금한 건 다른 게 아니야. 춘원 이광수하고 연애하다가 실연해서 입산했는지, 그게 궁금해서 그저 호기심으로 오는 거야. 법문을 들으러 오는 것도 아니야. 몇 날 며칠, 몇 달을 계속해서 사람들이 똑같은 질문을 하니까 우리 스님이 지겹고 귀찮아서 그냥, 그렇다고 했대. 그랬더니 내려가면서 대단한 것이라도 알아낸 양 의기양양하게 그러더래. '이제야 인정하네'"

일엽스님께서 과연 이런 상황이 일어날 것을 모르셨을까. 아셨을 것이다. 그런데 왜 굳이 세간에서 가장 궁금해하는 이야기를 다시 펼쳐놓았을까. 일엽스님은 이때 포교 원력을 세웠다. 그것은 바로 견성암을 다시 짓는 불사 때문이었다. 덕숭산 제일 꼭대기에 있는, 가는 길도 오는 길도 어려운 견성암은 당시 너무 쇠락하여 언제 무너져도 이상하지 않았다. 그곳에서 비구니 스님들은 30년 가까이 만공 대선사의 가르침에 따라 수행하고 정진했으나 새로운 전각이 필요했다. 일엽스님은 비구니 선원 견성암을 반드시 계승해야 한다고 발원하였고, 일흔을 앞두고 '비구니 총림선원' 건립을 위해 나섰다. 이를 위해 자신의 이름 석 자를 세상에 아낌없이 펼친 것이다. 그리고 호기심 어린 시선들이 지나간 자리에는 또 다른 인연이 하나둘 피어났다.

일엽스님의 편지 2
월송, 정진 보아라

인쇄할 때도 그 고생을 했는데 그 비용까지 마련하느라고 애쓰게 해서 너무 애처로워 너희들 스님이 간다기에 사중寺中에서 허락 아니 하는 것을 억지로 보내니 정진이만은 왔다가 가더라도 오기 바란다.

아주 와 있게 되어도 좋고, 그리고 월송이 동국대학교 입학 문제는 깊이 고려할 일이다. 그러나 정진이도 왔다 가고 도는 일은 차비도 들고 아주 오게 되면 오게 하여라. 월송이도 아주 오게 하여라.

교복이 없는 대학이지만 중의 옷을 입고 다니는 사람은 없다는데 단체니 사회니 하는 것은 수적數的으로 이루는 것이요, 수數에 빠지면 체면 관계라 피차간.

그러니 혼자 별다르게 할 수도 없고, 불교 학교에서 불자의 옷을 꺼리게 되는 것을 보면 불교 정신이 서지 못한 증좌證左가 되는 것이며 부모에게도 출가외인인데 힘 쓰이게 하니 죄송한 일이고, 백 총장에게도 치우친 생각이라는 남의 비판을 일으킬 일도 있을 것 같으니 학교는 단념하여라.

견성암에서도 더구나 내게 비판이 많을 모양이다.

그리고 옷 바꾼다며 심적 움직임도 따르는 것이요, 더욱이 장래의 마음을 자신도 보증 못하는 것이다. 책은 잘못된 것이 너무 많아서 잘 교정하여야 재판하겠고, 바쁘지 않으니 애쓰지 마라. 이만.

음력 3월 2일 노스승 서書

일엽스님의 편지 3
월송에게

네 편지와 나의 원고료, 책 모두 반갑게 받아 보았다. 인편이 있을 터인데 돈을 많이 들여서 보내니 미안하나 그 성심이 갸륵하다.

나는 요즘 많이 건강하여졌다. 너무 염려하지 말아라. 이곳 산중은 주지스님 이하 대중 스님들이 한결같이 불사 중 장애 없이 정진들 잘하신다. 너도 이 산중에서 하는 정진보다 수승하게 해라.
정진이가 함께 화주에 성의 있는 일 대견하기 그지없다. 모금이 잘 된다 하니 다행이라 하겠다. 화주 안 해본 사람은 모르겠지만 그 어려운 곡절이 중중重重일 터인데 너의 정성이 불보살께 연락된 것이다.

불사에 진실하면 외호신이 옹호하고 불보살의 가피로 복福과 혜慧와 이利가 직접적으로 큰 것이니 늘 환희한 마음으로 용기 백배 더하여라.

더구나 자비의 어머니 관세음보살님은 언제나 중생심을 관觀하시고 응해 주시려고 확인 중에 더욱 적실하게 믿고 아무리 사소한 단 1원이라도 관세음보살께 기원하여라.

똑 떨어진 현실이니라.

언제나 관세음과 외호신께 빌면서 해라. 스스로도 마음 놓지 말고…. 적거나 많거나 시주의 은혜를 감사하게 여기고 성의와 친절을 다해라.

그러나 주는 이, 받는 이가 다 상相이 없어야 한다는 말을 미처 못 일렀다. 상相이 없는 그 내용은 네가 이미 들어 알았을 것이니 더할 것 없고….

아무튼 조심하고 겸손하여 대상자에게 시비지심是非之心을 끊어야 하고, 단지 순성順誠(순수한 정성)을 다할 뿐으로 시주에게 신심信心을 도와주게 하여라.

벽초 노스님께서 너의 편지 가지고 와서 보이더라.

기특하게 여기시고 좀처럼 편지 쓰시지 않는 분이 편지를 하였던 것이다. 추우나 더우나 몸을 불고하시고 여러 달째 아침부터 저녁까지 터 닦고 석수 돌 깎는데 도와주시고 감독하시느라고 기색이 아주 틀리셨다. 불사야 다 같지만 그래도 비구니 회상會上을 위해 그리 애써 줄 비구 스님은 다시 없을 것을 생각하면 황송한 일이다.

현대문학사에 들려서 올 때 내 원고 찾아오고 삼중당이란 서점에 내 자서전이란 것이 있더라 하니 가서 알아보아라.

화주化主하느라 애쓰는 너에게 여러 가지 일을 시켜 안 되었다. 모든 불사는 부처님이 다겁多劫에 지으신 복으로 되는 것이다. 이제부터는 추워만 지는데 너의 몸도 주의하고 조심하여라. 남은 말 줄인다.

을사년(1965년) 12월 4일, 노스승 답서

월송아, 그동안 객지에서 수고가 많겠구나. 불편한 일인들 오죽이나 하겠느냐.

노스님 일엽스님의 뜻을 받들이 이곳에 전국 비구니회의 총도량인 총림 선원 건립이라는 크나큰 역사를 이룩하기 위하여 우리들 모두가 힘을 모으고 있지만 너 월송은 객지로 나돌며 오직 불사의 화주승(시주물을 얻어 절의 양식이나 살림을

> 대는 스님)으로 더욱이 내년 봄 성극 <이차돈의 사> 공연 준비까지 하느라고 동분서주하는데, 항상 너에게 민망한 생각이 드는구나.
> 아무쪼록 힘써 너의 목표를 이룩하길 축원한다. (하략)
>
> 1966년 8월 스승 경희 합장

일엽스님께서 27년 만에 침묵을 깨고 책을 내신 것은 포교를 위한 이유도 있었으나 견성암 건립 불사를 위해서이기도 했다. 1962년, 견성암 건립 당시 일엽스님은 마른 땅에 첫 우물을 파는 각오로 불사를 시작했다. 재물을 가져오는 사람도, 재물을 가진 사람도 없는 가난한 산중에서 당시 동국대학교 3학년에 재학 중이던 월송스님이 화주를 맡았다.

두 번째 편지는 월송스님이 수덕사 비구니 총림 건립 화주승으로 서울에서 한창 모금하고 있을 때, 일엽스님이 보낸 것으로 미안함과 고마움 그리고 염려와 당부의 마음이 듬뿍 담겨 있다. 그런데 일엽스님의 편지 말미에 '자서전' 이야기가 나온다.

1965년 당시 일엽스님이 자신의 이름으로 낸 책은 <어느 수도인의 회상>과 <청춘을 불사르고> 두 권뿐이었다. 그런데 서울 삼중당이라는 서점에서 스님의 자서전이 팔리고 있었다고 한다. 스님이 쓰지 않고, 스님이 내지 않고, 스님도 모르는, 스님의 '자서전'이 서점에서 이미 팔리고 있다니 얼마나 황당한 일인가!

일엽스님은 자신의 이름이 포교의 동력이 되는 것을 마다하지 않으셨다. 스님의 뜻은 크고, 깊고, 높았으나 세간에서는 이를 이용하여 자극적인 소설 같은 엉터리 이야기들이 마구 돌아녔다. 스님이 살아 계실 때도 스님의 가짜 자서전이 버젓이 서점에서 인기를 끌었고, 스님이 돌아가신 후에도 온갖 소문들이 돌아다녔다. 하지만 스님은 맞서지 않고, 다투지 않고, 해명하지도 않으셨다. 자신을 아낌없이 세상 속으로 내려놓은 스님은 이미 범인凡人이 가늠할 수 있는 경지를 넘어선 분이었다.

호들갑 떨 것 하나 없다

〈어느 수도인의 회상〉과 〈청춘을 불사르고〉가 출간된 후 어느 날, 정진스님과 월송스님은 기차를 타고 삽교역으로 가던 중 기차에서 잡상인을 보았다. 그 시절에는 기차 안에서 물건을 파는 사람들이 많았는데 대부분 자신의 불우한 처지를 호소하며 승객의 동정심을 일으키는 것이 주요 판매 수단이었다. 두 스님이 본 잡상인 남자도 그랬다. 허름하기 그지없는 차림의 남자는 꼬질꼬질한 가방에서 책을 꺼냈다. 책의 제목을 본 두 스님은 기함하였다. 스님의 이름 석자가 책에 딱 박혀있었기 때문이다. 남자는 〈김일엽지묘金一葉之墓〉라는 제목의 책을 손에 들고 승객을 보면서 애절하게 말했다.

"저는 수덕사 일엽 스님의 사생아로, 일찍이 어머니와 헤어져 지내며 어머니에 대한 그리움과 원망 속에서 살았습니다."

승객들은 남자의 말에 빠져들었으나 얼토당토않은 남자의 말에 화가 난 두 스님은 일단 남자에게 책을 샀다. 이처럼 어처구니 없는 일이 일어나고 있다는 것을 일엽스님에게 알려드리고, 남자의 말을 반박할 증거로 삼을 셈이었다.

삽교역에서 내린 스님들은 서둘러 발길을 재촉해 나는 듯한 걸음으로 헉헉대며 환희대에 도착했다. 그리고 일엽스님을 보자마자 기차에서 있었던 일이 이야기했다. 잡상인 한 명이 스님의 명성에 흠집과 얼룩을 내고 있다고 생각하니 화를 참을 수가 없어 손이 떨리고 목소리도 떨렸다. 도대체 얼마나 많은 기차역에 얼마나 많은 잡상인이 스님의 이름을 팔고 있을지 하나하나 다 찾아내고 싶은 심정이었다.

"노스님 큰일 났어요! 웬 남자가 노스님을 빙자하고 이 책을 가지고 다니면서 자기가 스님의 사생아라고 하며 책을 팔고 다닙니다. 이 노릇을 어쩌면 좋아요."

"이것 좀 보세요! 제대로 된 책도 아니에요. 게다가 들고나온 건 이미 덤핑된 책이라고 합니다. 이렇게 노스님 얼굴에 먹칠하고 다니는 이가 있으니 어떻게 해야 할까요."

억울함을 견딜 수 없어 눈물을 흘리는 손상좌들을 본 일엽스님은 말했다.

"호들갑 떨 것 하나 없다."

스님의 목소리는 담담했고, 표정도 읽을 수 없었다. 그저 평소와 같은 모습이었다. 정진스님과 월송스님은 눈물 젖은 얼굴로 스님을 보았다. 이렇게 큰일이 일어나고 있는데 호들갑 떨 것 없다니 무슨 말씀이실까.

"김일엽이라는 이름 석 자가 뭐라고? 그 이름이 대체 뭐길래? 그 이름 가치가 얼마나 된다더냐? 나를 빙자하여 한 사람이 이 힘든 생을 버티고 한 남자가 장사하고 돈을 벌어 그걸로 생활을 할 수 있으면 내가 한 사람을 구제한 것이 아니냐?"

순간, 정적이 흘렀다. 남자는 책을 한 권이라도 더 팔려고 자신이 일엽스님의 아들이자 사생아라며 스님의 이름을 팔고 말도 안 되는 소문을 퍼트리고 있는데, 스님은 그가 그렇게 번 돈으로 생활을 하게 되면 한 사람을 구제한 것이라고 말한 것이다. 없는 말을 지어내고, 새빨간 거짓말을 만들어, 소문을 부채질하는 사람을 용서하는 것을 넘어 연민과 자비의 마음으로 오히려 그들을 살피는 일엽스님을 정진스님과 월송스님은 이해할 수 없었다.

일엽스님의 허락만 떨어진다면 월송스님은 당장이라도 다시 기차역으로 달려가 남자를 붙들고 사실이 아니라고, 어디서 감히 우리 스님의 이름을 파느냐고, 당신은 거짓말쟁이라고 외치며 망신을 주고 대가를 치르게 하고 싶은 마음이었다. 하지만 일엽스님은 거듭 말했다.

"김일엽이라는 이름이 몇 푼이나 된다고! 내 이름으로 한 사람이 살아갈 수 있고, 나로 인해 누군가가 생애가 이어갈 수 있다면 그건 좋은 일이고 참으로 보람 있는 일이다. 그러니 호들갑 떨 것 하나 없다!"

비단 기차역뿐이랴. 일엽스님의 이름을 팔아 먹고 살았던 이들은 얼마나 많았을까. 서울의 서점에서도 스님이 단 한 글자도 쓰지 않은 책을 〈김일엽 자서전〉이라는 이름으로 진열하여 판매하고 있었다. '김일엽'이라는 이름만 들어가면 책이 팔리던 시절이었다. 온갖 가십을 조악하게 짜깁기한 책 속에서 스님은 남편을 버리고, 연인에게 실연당하고, 자식을 버린 여자로 묘사되어 있었다. 내용이 자극적일수록 사람들은 흥미로워했고, 사실보다 풍문을 그럴싸하게 묘사한 글을 더 좋아했다. 일엽스님은 끊임없이 법문 하면서도 이러한 상황에 대한 변명도 해명도, 단 한마디도 하지 않았다.

세간에 떠도는 소문으로 먹고 살며 스님의 이름에 먹칠을 하는 모든 사람에게 베푼 스님의 아량과 자비는 우리의 마음으로는 헤아릴 수조차 없다. 도대체 어떤 마음이면, 마음이 얼마나 자유로우면 그 어떤 구속 없이 이토록 이기적이고 어리석은 중생을 따뜻하게 품을 수 있단 말인가. 수행자의 길을 걸을 땐 누구보다 철두철미했던 일엽스님은 하늘보다 넓은 마음으로 자비로운 불보살의 길을 걸었다. 그래서일까. 세간에서는 지금도 일엽스님의 이름 석 자를 가만두지 않으며, 여전히 일엽스님을 스캔들의 주인공으로 보려는 시도를 멈추지 않는다. 늦었지만 이제라도 스님을 제대로 알아야 하는 이유다. 일엽스님이 이 모습을 보신다면 어떤 말을 건네실까.

수덕사의 여승

일엽스님을 제대로 보려면 스님을 따라다니는 소문 중 가장 알려진 두 가지를 확인해야 한다. 하나는 1965년 발매되어 대중적으로 크게 성공한 노래 〈수덕사의 여승〉의 주인공이라는 것과 다른 하나는 일본인 오타 세이조와의 사이에서 태어난 숨겨진 아들이 있었다는 것이다. 가수 송춘희가 부르고, 한명훈이 작곡한 〈수덕사의 여승〉은 절묘하게 일엽스님의 책 〈어느 수도인의 회상〉과 〈청춘을 불사르고〉가 베스트셀러가 된 후에 세상에 나왔다. 가사는 이렇다.

〈수덕사의 여승〉

인적 없는 수덕사에 밤은 깊은데
흐느끼는 여승의 외로운 그림자
속세에 두고 온 임 잊을 길 없어
법당에 촛불 켜고 홀로 울 적에

아 수덕사의 쇠북이 운다

산길 백 리 수덕사에 밤은 깊은데
염불하는 여승의 외로운 그림자
속세에 맺은 사랑 잊을 길 없어
법당에 촛불 켜고 홀로 울 적에
아 수덕사의 쇠북이 운다

스님을 지칭하지는 않았으나 '수덕사의 여승'이라는 제목만으로도 일엽스님이 연상되도록 만들어져 뜨거운 화제가 되면서 히트곡이 되었다. 덩달아 가수와 작곡가도 유명해졌다. 그리고 일엽스님은 다시 사람들의 입방아에 오르내려야 했다. 사람들은 〈수덕사의 여승〉을 들을 때마다 일엽스님이 헤어진 연인을 그리워하며 밤마다 외로움에 흐느끼는 모습을 상상했고, '두고 온 님'이 도대체 누구인지 궁금하다며 스님을 찾아왔다. 이 유명세로 노래를 만들고 부른 이들은 연일 즐거웠겠지만 스님은 황당무계했다.

심지어 사람들은 〈수덕사의 여승〉 가사를 새긴 비석을 수덕사 앞에 세우기까지 했다. 결국 수덕사 스님들에 의하여 철거되었다. 떠들어대기를 좋아하는 사람들의 호들갑에 시달리다 질려버린 일엽스님은 결국 펜을 들어 글을 썼다.

<수덕사의 여승>을 듣고

여승女僧이라는 것은 수도하는 여인이라는 말이다. 수도라는 것은 길을 닦는다는 뜻인데, 길은 두 길이 있다. 그 하나는 현실적인 세상살이의 길이요, 다른 하나는 이 삶의 바탕이며 생명의 본원인 정신적인 길이다. 그러므로 이 세상살이를 하려면 이 두 가지 길을 다 닦아 놓아야 완전한 인간으로 완전한 삶을 이룰 수 있다. (중략)

자립적인 인간이 되려면 우선 정신적인 길을 닦아 놓아야 한다. 이 일을 이미 알고 정신적인 길을 닦으려고 입산수도하는 중이, 교실이나 강당보다는 엄숙해지는 법당에서, 더구나 세속에서 지내던 습기의 집적인 그 생각을 다 소멸시키는 공부를 하는 중이, 세상에 남긴 애인을 못잊고 생각하여 마음의 노래가 눈물로 스며 나온다면, 자신은 벌써 중으로서 타락했음을 직감하고 눈물진 가사 장삼을 벗어 거룩한 승의를 욕됨이 없게 해야 할 것이다.(중략)

이러한 가사와 같이 감상적이고 저속한 노래가 인기를 끌어 감명 깊게 듣는 사람이 많다는 것은 나를 회복하는 공부가 무엇인지도 알지 못하는 대중이 많다는 증명이니 참으로 슬픈 일이 아닐 수 없다.

을사년(1965년) 3월

유전자 검사를 해보시지요!

대중의 호기심에 여여하게 대처하는 스님의 성품을 지독하게 이용한 사건이 일어났으니 그것이 바로 스님의 아들을 사칭한 인물이 등장한 것이다. 김태신 혹은 일당스님이라고 하는 사람이 '나는 일본인 오타 세이조와 일엽스님 사이에서 태어난 아들이다'라고 주장한 것이다. 그는 일엽스님과 오타 세이조가 모두 세상을 떠난 후에 이러한 말들을 떠들어 대기 시작했다.

김태신은 심지어 책까지 출간하여 그럴싸한 이야기를 만들었다. 이 책에서 그는 아버지를 아버지라 부를 수 없고, 어머니를 만나지 못했던 자신의 어린 시절 이야기를 자세하게 서술한다. 수덕사로 일엽스님을 만나러 왔다가 거절당하고 만공스님의 품속에서 잠이 들었다거나, 수덕여관에서 나혜석을 만나 그녀를 어머니처럼 따르게 되었다는 등의 이야기들이다. 그 외에도 화가로 성공하여 김일성의 초상화를 그렸다는 등 확실히 흥미롭긴 하지만 확인하기도, 믿기도 어려운 여러 이야기가 있다. 이 이야기들의 공통점은 무엇일까. 당사자들이 모두 이 세상에 없을 때 나온 이야기라는 것이다. 즉, 책 속에 등장한 이들 중 누구도 사실을 증명할 수 없는 상황에서 이야기가 퍼져가기 시작한 것이다.

김태신은 어린 시절 어머니를 만나기 위해 찾은 수덕사에서 만공스님을 시봉하던 행자스님을 만났으며 그가 훗날 수덕사 방장 원담스님이 되었다고 했다. 하지만 실상은 달랐다. 원담스님은 김태신을 전혀 알지 못했다. 행자 시절부터 일엽스님을 알았던 원담스님은 일엽스님이 열반하신 후 어느 날 환희대로 달려와 월송스님에게 말했다.

"이보게, 월송! 경천동지할 일이 생겼다네. 일엽스님 아들이라는 사람이 나타났어."

만약 김태신의 일방적인 주장처럼 그가 어린 시절 수덕사에서 만난 행자 스님이 진짜로 원담스님이었더면, 원담스님은 분명 그를 기억했을 것이다. 하지만 원담스님은 일엽스님의 아들이라는 사람이 나타난 사건을 '경천동지할 일'이라고 했다. 있을 수 없는 일이었기 때문이다.

김태신의 증거 없는 주장이 날개를 달고 세상을 휘젓는 동안 환희대 스님들은 침묵했다. 그것은 김태신의 주장이 사실이기 때문이 아니라 '나(일엽스님)를 팔아 한 사람이 한 생을 살아갈 수 있다면 잘된 일'이라는 스승의 가르침을 지키기 위해서였다.

그동안 자신이 일엽스님의 아들이라고 사칭하는 이들이 한둘이 아니었으나 스님이 돌아가신 후 스님의 지인까지 등장한 구체적인 에피소드를 이야기한 사람은 그가 처음이었다. 일엽스님의 책을 잘 읽어보면 경희스님이 월송스님에게 보낸 편지 중에서 그가 참고했을 법한 이야기가 있다.

> 월송아,
> 최근에 이곳의 소식을 하나 전해주려고 한다.
>
> (상략) 스님을 모시고 여승들만 살고 있는 이곳 환희암에 뜻하지 않은 노신사가 찾아온 것이다. 그분은 더욱 놀랍게도 일본인 시라키白木允雄라는 분으로 우리 일엽스님을 만나 뵈려고 찾아왔다고 하였다.
>
> 우리들은 어리둥절할 수밖에… 스님의 허락으로 이분과 스님은 대좌하게 되었다. 다음에 두 분의 대화를 적어 보낸다.

<시라키의 사연>

나는 일본에서 최근 한국을 찾아온 '시라키'라는 사람입니다. 나는 일본에서 공업계통의 회사를 경영하고 있으며 사업관계로 최근 한국에 머물러 있던 차 이곳 덕산 온천에 들러 잠시 휴양을 하고 있던 중이었습니다.

뜻밖에도 지금으로부터 49년전… 그러니까 내가 23살 때의 일입니다.

동경에서 공부를 하고 있을 때의 일이지요. 그때 꼭 한번 만나본 외국 소녀가 있습니다. 꼭 한번 만나고 헤어진 이래 꿈에도 잊지 못하고 나의 뇌리에 깊이 새겨진 그 아름다운 외국 소녀, 그날로부터 오늘에 이르는 근 50년을 두고 단 한 번만이라도 만나고 싶어하던 그 외국 소녀가 바로 여기 계신 김일엽 스님이라는 것을 알게 되어 너무도 기쁜 마음을 억제하지 못하여 이곳을 찾은 것입니다.

나의 무례한 방문을 용서하시고 나의 그동안의 사연이나마 들어 주신다면 더없는 영광이라 하겠습니다.

그때 당신께서는 영어학원에서 공부하실 때였습니다. 같은 학생인 나는 우연히 한 외국 소녀를 보았습니다. 외국 유학생이라는 선입관 때문인지 첫인상이 깨끗하고 먼 곳에서 바라보니 총명한 인상과 아름다운 눈매에 반하게 되었습니다.
그후 얼마가 지난 어느 날 겨우 당신을 만나서 5분 정도 이야기 할 기회를 얻었습니다.
그때 두 사람은 서로의 언어가 완전히 소통되지 못하여 몹시도 안타까운 채 헤어졌습니다.
그후 당신은 그 학교를 그만두었는지 갑자기 종적이 묘연하였습니다. 나의 실망은 말할 수 없었습니다. (실은 그때 일엽 스님은 귀국하였고 그분과의 일은 까마득하게 잊으셨단다.)

(중략)

어디로 갔을까… 남의 아내가 되었을까? 그 여인을 소유한 남자는 얼마나 행복할까? 결코 독신이 되지는 않았을거야! 무척 매력적이었으니까!

남의 아내가 되었든, 어떻게 되었든 간에 생전에 한 번만, 단 한 번만이라도 그 얼굴을 대하여 보았으면 좋겠다고 진정 몽매간에도 이 소원이 이루어지게 하소서 하고 빌었습니다.
그런데 오늘, 이렇게 서로가 70이 넘은 백발의 노인으로 대하게 되니 인생의 무상함을 새삼 느끼게 됩니다.
아무튼 나의 오랜 소원은 비로소 이루어진 셈이올시다.

오늘 불도에서 참나를 찾으시고 평화로운 여생을 오로지 정진으로 보내시는 당신을 뵈오니 그저 머리가 수그러지기만 합니다.

이렇게 말하는 그 노신사의 두 눈에서는 눈물이 하염없이 흐르고 있었단다.

이때 그 노신사는 병상에 누운 스님을 무릎을 꿇은 채 쳐다보며 여전히 주름진 두 볼을 눈물로 적시고 있었다. 깊은 생각에 잠겼던 노신사는 스님께 손이라도 한번 쥐어보고 싶다고 청을 드려, 담담한 표정의 노스님의 허락을 받고도 차마 그냥 손을 잡지는 못하고 하얀 손수건을 꺼내어 스님의 손등에 덮어 놓고 그 위에 자기 손을 얹고 또 한 번 하염없는 눈물에 잠기더라.

우리들도 함께 눈시울이 뜨거워짐을 억제할 수가 없었다. 이때 스님은 그 노신사에게 다음과 같이 설법하시어 그분을 돌려보내시고 여전히 마음은 개운해하시더라.

<일엽스님의 법문>

(중략) 당신이 실업가라고 하니 그만한 정신력도 있을 줄 압니다. 겨우 이론만 가졌다 하나 실존적 대장부인 당신이 나보다 비중이 큰 줄을 압니다. 그러나 40년을 참구한 나의 이념은 당신보다 나은 줄로 알기 때문에 간절히 말씀드립니다.

아무튼 물질은 가질수록 불만을 느낍니다. 그런즉 살 거리인 정신적으로 자족을 걷어야 합니다. 정신과 물질이 합하야 행하는 법, 즉 복과 지혜를 다 얻는 이 법을 알아야 합니다.
(중략) 당신과 나도 세세생생에 인연이 있어 멀리 그리워하던 것입니다. 나는 몰랐지만 오늘 당신의 말을 듣고 특별히 친절한 생각으로 다른 사람보다 더욱 간절히 말합니다.

살 일을 안다면 누구나 알아들을 것에 여러 잔소리한 것을 사과할 뿐입니다. 어쨌든 살 거리요, 밑천인 정신의 정신이 선행되어야 할 것을 생각하시기 바랍니다.

이같이 말씀하신 노스님의 두 눈에도 자비로운 이슬이 보이

> 는 듯도 싶더라. 월송아, 매우 지루한 편지가 되었구나. 너와 나도 오직 정진에 정진이 있어야 하겠다. 이곳 소식을 대신 한다.
>
> 1966년 8월 스승 경희 합장

일엽스님은 한때 너무 사랑하기에 이생에서 맺어질 수 없다면 함께 죽자던 연인에게도 법문을 했고, 단 5분의 만남으로 스님을 평생 그리워했다며 눈물을 쏟던 남자에게도 법문을 했다. 스님은 한 사람이라도 더, 조금이라도 부처님의 가르침을 깨닫길 바라며 법문하신 분이었다.

어쩌면 '김태신 혹은 일당스님이라는 사람'은 자신이 일엽스님의 아들이며 어머니의 정을 그리워했던 이야기를 '라훌라의 사모곡'에 비유하기도 했다. 이 사람은 일엽스님이 돌아가신 후에 책을 내고, 자신의 사연을 여기저기 떠들어댔다. 어느 날, 떠도는 소문이 어이가 없고 답답했던 월송스님이 그에게 말했다.

"저에게 스승님의 손때가 담긴 유품이 있으니 한 번 유전자 검사를 해보시지요!"

한국말이 서툴렀던 '김태신 혹은 일당스님'은 한참이 걸려서야 월송스님의 말을 알아듣고서 불같이 화를 내고는 다시는 환희대에 오지 않았다고 한다.

이 사람을 직접 만나본 적이 있는 일엽스님의 제자들은 그가 책을 썼다는 것조차 믿지 않는다. 한국어조차 제대로 하지 못하는 그가 어떻게 그렇게 맛깔나는 글을 쓸 수 있었겠느냐는 것이다. 만약 대필 작가가 있었더라도 대필 작가에게 과연 본인의 사연을 책에서처럼 상세하게 전달할 수 있었을지도 의문이다.

어쨌거나 유전자 확인 사건 이후 그는 발길을 끊었고, 2014년 세상을 떠났다. 그로부터 1년 후 자신이 '김태신 혹은 일당스님'의 딸이라고 밝힌 여자가 환희대로 전화를 했다. 그녀는 아버지인 일당스님이 수덕사에 기증한 작품의 회수를 요구하면서 일당스님은 일엽스님의 아들이니 환희대를 비롯하여 수덕사 문중의 땅과 재산 그리고 김일엽문화재단의 자산을 당연히 자신이 받아야 한다고 주장했다. 작품 회수보다는 환희대와 부지 등 김일엽문화재단의 자산이 목표였다. 그들의 주장은 당연히 기각되었다

이것이 일엽스님을 둘러싼 수많은 이야기 중 대중의 호기심을 가장 자극하는 두 이야기의 진실이다.

가장 오래 남는 것은 사랑, 그리움

1971년 일엽스님이 입적入寂하신 후 김일엽문화재단에서 출간된 〈일엽선문〉에는 스님과 인연 있던 분들이 스님의 행적을 기리는 글이 담겨있다. 그중 필명임이 분명한 '분수대噴水臺'라는 이름으로 쓴 '일엽一葉의 마음'이라는 글을 읽으면 일엽스님을 끝까지 수행자가 아닌 걸출한 여성으로 보려는 고집에 가까운 세간의 집념이 느껴진다. 그 고집 때문에 약 40년을 살았던 일엽스님을 애써 보지 않는 것은 참으로 안타까운 일이다. '분수대'의 '일엽의 마음' 일부를 보면 더욱 그렇다.

> 그녀가 머리를 깎고 충남의 수덕사에 들어간 것은 33세 때. 그 후 입적하기까지 40년 동안 그녀는 줄곧 이곳에만 파묻혀 살았다.
>
> "세상의 모든 것은 흐르는 세월 따라 변하는 것, 그것을 깨달

아 세상사에 대한 착심著心을 버리고 무심無心을 얻으면 비로소 내가 내 맘대로 써집니다."

이게 바로 가장 귀중한 열반에 이르는 길이라고 그녀는 그의 승방僧房(견성암 혹은 환희대)을 찾아간 어느 기자에게 말한 적이 있다.

"역시 가장 오래 남는 것은 사랑이니, 그리움이니 하는 감정인 것 같아요."

스님에게서 '가장 오래 남는 것은 사랑이니 그리움이니 하는 감정'이라는 말을 들었을 때 그 기자는 얼마나 속으로 기뻐하며 쾌재를 불렀을까. '분수대'는 스님이 입적한 후에도 굳이 이 추억을 글로 남겼다.

"그녀는 끝까지 여자였던가 보다."

그 누구도 일엽스님이 처소를 찾은 기자에게 왜 이런 말을 했는지는 궁금해하지 않는다. 누구보다 성실하고 치열하게 수행에만 전념했던 스님이 다시 글을 쓴 것은 부처님의 가르침을 알리고자 하는 포교 원력을 실천하기 위해서였다. 지혜보다는 열정이 앞섰고 마음 깊

뒤 세속 시절

6부. 견성암

"종교라 하는 것은, 글로 말로 행동으로 표현할 수 없는 만능적 각자적인 내 생명을 파악하여 운영하기 위함이외다."

지난 선거 때 대통령과 국회의원 후보자들이 유아독존唯我獨尊이라는 말을 많이 사용한 적이 있습니다. 부처님이 천상천하에 내가 제일 높다 하신 뜻은 부처님 자신만을 가리킨 말씀이 아니고, 남이 나도 되고, 내가 남도 되는 공동적인 생명을 대표하여 하는 말씀입니다. 그런데 이것을 모르고 아집我執인 사람을 유아독존이라고 하니, 그러한 무식한 사람들이 민족의 선배가 되어 살길을 못 찾으니 이렇게 혼란하고 기로에서 헤매게 되는 것입니다.

소승이 부처님의 제자인 비구니(여승)라 해서 이런 말을 하는 것으로 아시지 않을까 해서 이 말씀을 드리옵니다.

종교는 불교 하나만 있어야 됩니다.
그것은 단계가 있어 이름은 다를지언정 예수교라고 하거나 불교라고 하거나, 그 종주宗主되는 이가 만능적인 생명을 파악하여 쓸 줄 아는 인간이라 각자적인 나도 내 생명을 회복하며, 임의로 쓰는 법을 배우려고 귀의하는 것입니다. 인간이 인간적 정신을 얻어 가지고 쓰게 되어야 인간된 순서를 거치는 게 아닙니까?
문화적 불교입니다. 그것은 역사가 증명하고 있습니다.

2천년 전 로마 문화가 불교 전성시대요, 중국의 당나라, 한국의 신라 때, 다 그것을 증명하지 않습니까. 지금도 유적이 남아서 한국의 국보 8할 이상이 불교 유적 아닙니까.
신라 문화는 지상 문화至上文化입니다.

지상 문화는 진선진미眞善眞美뿐입니다. 착한 일만 하라 하며, 악과 선을 잘 조리하여 인간생활에 맞도록 한 그때그때에 따라 적합한 문화입니다.
가장 높은 것은 가장 아래로 떨어지는 법이라 지금은 불법이 쇠잔하여 승단이나 승려가 볼 것이 없습니다. 교단이나 계신 하느님, 낳으신 부처님도 물질의 것이요, 심화된 우상이라 그 조직체와 우상이 합치되어 생명의 본체에 이르려 합니다.
조신操身하게 살던 신라 때에는 본생명을 파악하여 쓰는 사람이 지도자가 되고, 그들의 명령 계통이 있어 참으로 평화롭고 자유로운 문화 시대였습니다. 그러한 문화가 떨어져서 가장 약소민족으로 남에게 업신여김을 받게 된 것이므로 국부國父인 대통령께서 직접 법중왕法中王이 되시어 민족의 살길을 인도하소서.

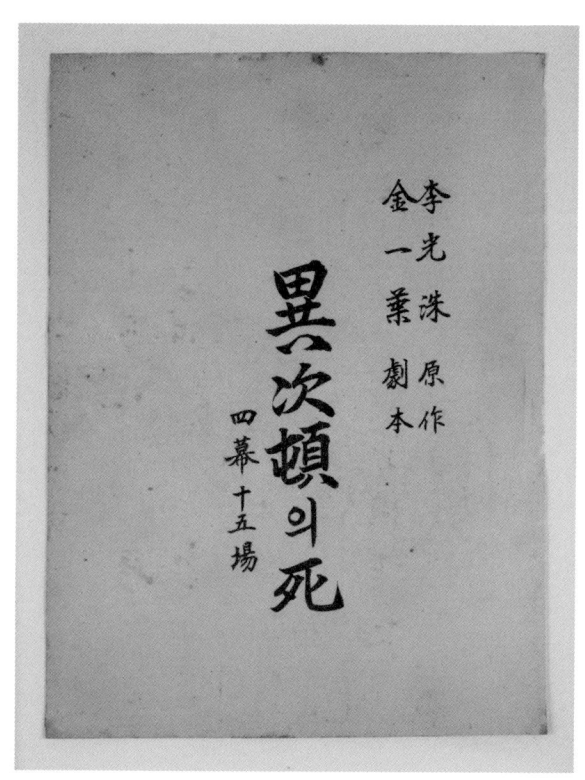

〈이차돈의 사〉 대본집

연이 나타나지 않는 이상 하루아침에 혹은 한 두해에 끝날 불사가 아니었다. 그리고 작은 시주일지라도 많은 이들의 마음이 보태진다면 비록 회관 건립이 늦어지더라도 더 많은 이들에게 공덕이 돌아가지 않겠느냐는 일엽스님의 가르침에 동국대학교 3학년에 재학 중이었던 월송스님은 화주의 소임을 받아들였다. 이제껏 한 번도 없던 불사이고 아무도 해본 적 없는 소임이었기에 그저 부처님과 스승 일엽스님을 믿고 처음 걷는 길을 그저 뚜벅뚜벅 용감하게 나아가는 수밖에 없었다.

많은 도움의 손길이 있었음에도 회관을 건립하기에는 턱없이 부족했다. 불사금 모연이 어려워지자 화주 월송스님은 일엽스님께 포교극을 해서 모연하자고 제안했다. 그리하여 최초의 포교 법극 〈이차돈의 사死〉가 탄생했다. 포교 법극을 만들자는 생각도 놀랍지만 이를 받아들인 일엽스님의 마음 또한 놀랍기 그지없다. 지금 보아도 파격의 연속이다.

포교 법극으로 올릴 극본의 원작으로 춘원 이광수의 작품 〈이차돈의 사死〉를 결정했다. 일엽스님과의 스캔들 여부로 대중의 호기심 어린 시선이 가득한 춘원 이광수의 작품으로 포교 법극을 만든 것이다. 이는 일엽스님의 뜻이기도 했다. 일엽스님의 친구이자 춘원의 부인인 허영숙 여사는 〈이차돈의 사死〉를 사용하는 것을 흔쾌히 허락했다.

포교 법극 〈이차돈의 사死〉는 단순히 건립 기금을 마련하기 위한 수단만은 아니었다. 공연을 통해 여러 사람에게 불교를 알리고, 불교에 대한 관심을 촉구하고 공연에 동참하는 배우들이며 스텝들에게 모연募緣 동참을 권선할 수 있었다.

포교법극으로 화제였던 〈이차돈의 사〉

신라 최초의 순교자, 이차돈

이차돈은 신라 시대 불교 공인을 위해 자신의 목숨을 아낌없이 던진 인물이다. 신심이 지극했던 이차돈은 불교를 받아들이기를 거부하는 귀족 집단을 설득하기 위해 죽기를 각오한 뒤 법흥왕을 설득했다.

"만약 폐하께서 소신을 베시면 마땅히 천지의 이변이 있을 것입니다. 이변이 있다면 누가 감히 오만스럽게 거역하겠습니까?"

이에 법흥왕은 이차돈과 뜻을 함께하였고 여러 귀족과 신하 앞에서 불교를 숭상하는 이차돈의 목을 벨 것을 명했다. 그러자 이차돈은 형장으로 끌려가며 하늘을 향해 크게 외쳤다.

"만약 부처님께서 신령함이 있다면 신이 죽을 때에는 반드시 이상한 일이 있을 것입니다."

이윽고 형리가 이차돈의 목을 베자 머리는 날아가고, 목이 끊어진 자리에서는 흰 젖이 용솟음쳐 높이 수십 장丈으로 솟아올랐다. 그 순간, 하늘은 사방이 컴컴해지며 볕은 기울어 빛을 감추고, 땅이 진동하면서 꽃비가 내렸다. 이에 신하들은 부처님을 받들 것을 맹세하였고 법흥왕 15년(528년), 법흥왕은 불교를 공인하였고 살생을 금지하였다. 이차돈의 죽음으로 신라에서 불교는 크게 중흥하였다.

월송스님은 신라 화랑의 후신

춘원 이광수는 1400여 년 전, 신라에서 있었던 이차돈의 죽음을 소설로 썼다. 〈삼국사기〉와 〈삼국유사〉에서 전해지던 이야기와 인물들은 춘원 이광수의 손에서 생명을 얻었고 많은 사람에게 큰 감동을 주었다. 일엽스님과 월송스님은 춘원 이광수의 소설 〈이차돈의 사死〉를 원작으로 포교 법극을 기획했다. 소설을 대본으로 만드는 작업은 일엽스님이 직접 했고, 월송스님은 스승과 함께 대본 작업을 하며 주연과 조연의 배역을 만들고, 대사를 썼다.

월송스님은 주인공 이차돈 역할을 맡았는데 그 이유는 이 공연을 위해 기꺼이 삭발을 감행할 배우가 없었기 때문이었다. 월송스님은 대본 작업을 하고, 대사를 외우면서 동시에 공연 준비도 해야 했다. 전대미문의 포교 법극을 무대에 올리기 위해 일엽스님은 대통령에게 편지를 썼고, 월송스님은 한양대학교 연극영화과 학생들을 배우로 캐스팅하며 공연을 연습했다. 그리하여 마침내 1967년 8월 25일, 현재 국립극장의 전신인 명동 시공간에서 포교법극 〈이차돈의 사死)의 막이 올랐다.

공연기간은 8월 25일부터 31일까지 6일간 진행되었고 공연이 줄지어 대기중인 명동 시공간을 대관할 수 있었던 것은 이 기간이 휴관 기간이었기 때문이다. 공연을 무대에 올리기 위해 일엽스님을 비롯한 비구니 스님들이 얼마나 많은 노력을 했는지, 얼마나 많은 부처님의 가피가 함께했는지 알 수 있는 일화다.

오후 3시와 7시, 하루 두 번 공연은 연일 화제였다. 공연 덕분에 불교에 관심이 생겨 수덕사 비구니 선원 건립 불사 기금에 동참하는 대중도 많았으나 교계에서는 일부 비난의 시선이 쏟아졌다. 수행자가 얼굴에 분칠(무대 화장)하고 연기를 한다는 것이 비난의 주된 이유였다. 특히 주인공 이차돈 역을 맡아 거의 모든 장면에 등장하는 월송스님은 거의 교계에서 퇴출당할 위기였다. 스님이 무대에 서서 연극을 하는 획기적인 포교 방법을 당시 교계에는 받아들이기 어려웠던 것이다. 이때 조선일보, 중앙일보, 동아일보, 한국일보, 경향신문, 석림 등 8대 일간지에서 일제히 공연에 대한 찬사와 칭찬으로 가득한 기사가 공개되었다. 대중의 긍정적인 시선과 언론의 찬사 덕분에 교계에서 불거져 나오던 비난은 조금씩 잦아들었다.

〈이차돈의 사死)〉를 무대에 올리기까지 금전적인 부분뿐만 아니라 실로 온갖 어려움이 있었다. 이제는 정말 못하겠구나 싶을 때마다

포교법극 〈이차돈의 사〉에서 이차돈 역할을 맡았던 월송스님

월송스님은 무슨 방법을 궁리해서든 결국 해냈다. 막연하고 불가능하다고 여겨지던 것을 멋지게 해냈던 배경에는 꺾이지 않는 마음과 의지, 노력도 있었겠으나 보이지 않는 세세생생의 인연도 있었을 것이다. 일엽스님이 병상에서 매체와 인터뷰를 했던 기록을 보면, 월송스님을 얼마나 아끼고 자랑스러워 했는지를 알 수 있다.

질문 : 지난번 <이차돈의 사死>, 스님께서 직접 각색하시고 했는데 일부에서 반대했다고 들었습니다.

일엽스님 : 소승(일엽스님)이 불법 전하는 데는 연극이 제일이에요. 손주 상좌(월송스님)가 재주가 있어요. 연단에 한 번 연출한다는 그것이 그렇게 어렵더군요. 돈이 없이 하니까 신도들이 주는 시줏돈 가지고 하는데 가난하고 불교가 성하지 않을 때라 참 어려운데 놀라웠어요. 걔(월송스님) 하는데 '너 한 단계 얻었다' 했어요. 왜냐하면 정신력으로 하는 것이거든요. 그래도 시작한 것이라 갖은 애로崖路를 불구하고 했어요. (중략) 걔 하는 말이 내가 중노릇 못할지언정 포교 원력을 많이 세웠나봐요. 신라 때 그 화랑 후신인가봐요. 자기 마음 내켜서 하지 그냥 하나요? 무조건적으로? 원력으로 하는 거죠. 자기 소질에. 20대 소녀라고 볼 수 있는데 체격이라든지 모든 일이 구비됐어요. 그런데 정신력도 있어서 그걸 전 혼자 그냥 내비뒀어

요. 한 치 건너 두 치인데 난 직접적인 총림의 일이기 때문에 너 돌아볼 새가 없다. 소승(일엽스님) 아는 사람 있으면 그거 하나 이용했을는지… 혼자 했죠. 중으론 못하겠다는 말이 상당해요. 그건 애(월송스님)가 하기 달렸겠죠.

교계의 우려와 달리 포교 법극에 대한 칭찬 기사가 쏟아지던 시기, 일엽스님은 인터뷰를 통해 월송스님을 칭찬하고 또 칭찬했다. 월송스님의 소질과 재주를 칭찬했고, 전생에 신라의 화랑이었을 것이라며 칭찬했고, 원력과 정신력을 칭찬하며 당신이 시킨 일도, 도와준 것도 없이 자신은 그저 가만히 두었다고 말씀하셨다. 이보다 더 큰 칭찬이 있을까.

포교 법극 〈이차돈의 사死〉를 통해 마련된 기금은 견성암 비구니 선원 건립의 주춧돌이 되었다. 비록 선원 건립 불사를 원만하게 성취할 정도의 기금은 아니었으나, 포교 법극을 올리는 과정에서 월송스님은 많은 것을 경험하였고, 부처님의 가르침과 불교를 알리기 위해서는 무엇이든 해낼 수 있다는 자신감을 얻었다. '비구니회관 비구니총림 선원' 견성암 건립 화주 소임을 원만 회향한 월송스님은 덕숭산을 떠나 일본으로 유학했다.

동국대학교에 다닐 때 처음으로 승복을 입었던 것처럼 월송스님은 일본에 갈 때도 수행자라는 자부심을 안고 오조가사를 단정하게 수한 차림을 고수했다. 이때 월송스님은 신칸센 기차역으로 자신을 마중나온 재일교포 부인을 보고 깜짝 놀랐다. 한국에는 자동차를 보기 어려운 시절이었는데 중년의 부인이 자가용을 직접 운전하며 월송스님을 집으로 모신 것이다. 또 다른 놀람은 공양을 대접받을 때였다. 집주인이자 자가용의 주인인 부인이 직접 쌀을 씻고, 반찬을 하는 것이 아닌가. 한국의 가정에서는 어지간하면 안주인이 식모를 두고 살림하던 시절이었다. 일종의 문화 충격이었다.

그때의 경험 덕분이었을까. 월송스님은 유학을 마치고 돌아와서 중고차를 마련하여 불사에 더욱 매진했다. 국산 자동차가 아직 나오기 전이었기에 이탈리아에서 만든 오래된 중고차를 샀다. 자동차가 있어야 사람을 만나고, 새벽이며 밤이며 어디로든 오갈 수 있었다. 차는 고장이 잦았지만 차가 있으니 물건과 짐들을 옮기는 것도 조금은 수월했다. 세간에서는 비구니가 외제차를 몰고 다닌다며 손가락질했으나 월송스님은 끄떡하지 않았다. 아마도 일엽스님이 '하지 마라'고 했다면 당장에 그만두었을 것이나 스승이 든든하게 믿어주었을 것이라 생각하니 흔들리지 않을 수 있었다.

수덕사의 통알

포교 법극을 만들고, 스님이 직접 무대에 오른다는 것은 당시 교계에서는 상상하기도 어려운 일이었다. 하지만 수덕사 스님들에게는 그리 낯설고 어색한 일이 아니었다. 왜냐하면 수덕사의 전통 중에는 정월 초이튿날 즉, 설날 다음날 산중 공양을 하면서 모든 스님들이 한 자리에 모여 춤과 노래와 공연을 선보이며 떠들썩한 명절을 보내는 전통이 있었기 때문이다.

수덕사의 통알은 정월 초하루에 있고 그 초이틀은 공양을 하면서 흥겹게 즐겼다. 만공스님과 또 다른 스님들과 인연 있는 가수며 배우며, 코미디언들이 일부러 찾아와 스님들과 함께 노래를 부르며 마치 큰 잔치처럼 즐거운 시간을 가지곤 했다. 월송스님은 행자 시절에도 공연을 선보인 적이 있었다.

이때 했던 공연을 보면 일엽스님의 말씀처럼 월송스님은 어쩌면 신라의 화랑이었을 것이라는 말씀이 이해된다. 공연의 제목은 〈조신의 꿈〉. 삼국유사에 나오는 조신의 이야기를 토대로 쓴 대본으로, 월송스님이 주인공 조신의 역할을 맡았다. 그 외에도 나무로 된 법당의 문짝을 떼어내어 배경을 만들고 옷감을 떼어다가 의상을 만들어서 무대를 꾸미면서 스님들에게 배역을 주고, 대사 연습을 함께 했다. 한 번은 피리를 잘 부는 송담스님이 공연에 효과음을 넣어주기도 했다. 대본, 연출, 주연을 도맡은 월송스님은 힘든 기색 하나 없이 즐거운 마음으로 공연을 준비하곤 했다.

〈조신의 꿈〉의 줄거리는 이렇다. 조신은 본디 세달사의 승려였는데 어느 날 명주지역에서 절세미녀였던 태수 김흔의 딸을 보고 한눈에 반했다. 그는 낙산사 관세음보살님께 김흔의 딸과 맺어지게 해달라고 기도하다가 그만 잠이 들었다. 꿈속에서 조신은 자신을 찾아온 태수의 딸과 결혼하여 야반도주하였고 40년을 부부로 지내며 자식 다섯을 낳는다. 하지만 점차 살림이 빈곤해져 거리를 떠돌며 구걸로 연명하는 비참한 처지가 된다. 그러던 어느 날, 이웃 마을에서 구걸하던 조신의 딸은 개에게 물려 다리를 절게 되었고, 큰 아이는 굶주림을 견디지 못해 죽고 만다. 굶어 죽은 자식을 묻으며 대성통곡한 조신과 아내는 자식 둘씩 데리고 헤어지기로 한다. 아내는 조신에게 말한다.

"예전의 기쁨이 바로 근심의 뿌리였습니다. 다 함께 굶어 죽기보다는 서로 헤어져 상대방을 그리워함만 못할 것입니다. 좋다고 취하고 나쁘다고 버림은 사람 마음에 차마 할 짓이 못되지만, 인연은 사람의 힘으로 어찌할 수 있는 것이 아니오, 헤어지고 만남에도 명이 따르는 것이지요. 바라건대 이제 헤어집시다."

아내의 말을 들은 조신은 오히려 기뻐하며 각자 길을 떠나기로 하고 헤어진다. 아내와 마지막 인사를 나누고 헤어지려는 순간, 조신은 꿈에서 깨어났는데 잠이 들었던 낙산사 법당에 새벽빛이 희뿌옇게 밝아오고 있었다. 마치 한평생의 희노애락을 모두 겪은 듯하여 거울을 보니 머리카락과 수염이 새하얗게 세어버렸다. 조신은 남녀 간의 애정도, 세상사에 뜻도 사라지고 재물에도 관심이 없어졌다. 이후 조신이 꿈속에서 굶어 죽은 큰아이를 묻었던 자리를 찾아가 땅을 파보았더니 돌미륵이 나왔다. 조신은 미륵상을 물에 씻어 가까운 절에 봉안하고 세달사로 돌아와 소임을 내려놓은 뒤, 정토사淨土寺를 세우고 부지런히 선행하며 살았다.

불교에 심취했던 춘원 이광수는 〈조신의 꿈〉을 무척 좋아하여 이 이야기를 소설 〈꿈〉으로 발표하기도 했다. 월송스님은 행자 시절 이미 소설을 각본으로 바꾸는 작업을, 특히 춘원 이광수의 소설을 원작으로 대본을 쓰고 무대 연출과 주연을 맡았던 경험이 충분했던 것이다. 견성암 비구니 스님들이 출연한 수덕사 〈조신의 꿈〉 공연은 큰 호평을 받으며 큰스님들에게 박수를 받았다. 월송스님은 자신이 열

비롯한 제자들에게 힘이 되고 의지처가 되었다. 포교를 펼쳐나갈 때 만나는 온갖 고난과 역경을 씩씩하고 용기있게 헤쳐갈 수 있었으리라.

7부. 열반을 향하여

최초 비구니 선사
최초 전국 비구니장

일엽스님 초상화 이야기

일엽스님이 노년에 주석했던 환희대에는 가사와 장삼을 수한 스님의 초상화가 걸려 있다. 이 초상화는 스님이 환갑이 되셨을 무렵, 견성암에서 함께 정진했던 제자가 직접 찍은 사진을 그림으로 옮긴 것이다. 스님의 사진을 초상화로 남긴 것은 월송스님의 마음이었다.

어느 날, 백화점을 방문한 월송스님은 그곳에서 모나리자를 베껴 그린 그림을 보게 되었다. 가작假作이 분명했으나 놀랄 만큼 잘 그린 작품이었고, 마음을 움직이게 하는 힘이 있었다. 월송스님은 화가를 수소문하여 찾은 뒤, 일엽스님의 사진을 가지고 갔다. 사진은 흑백이었으나 스님은 화가에게 컬러로 옷은 회색으로, 가사는 검붉은색으로 채색해야 한다고 당부했다.

마침내 그림이 완성되었을 때, 월송스님은 초상화를 환희대 벽에 걸어놓은 뒤 거동을 힘들어하는 일엽스님을 등에 업고 가서 보여드렸다고 한다. 자신의 초상화를 본 일엽스님의 반응은 어떠셨을까. 괜한 짓을 했다며 꾸짖었을까 아니면 손상좌의 마음에 감동했을까. 월송스님이 들려준 일엽스님의 반응은 놀랍도록 흥미로웠고 참으로 일엽스님다웠다. 월송스님의 등에 업혀 초상화를 찬찬히 보던 일엽스님은 이렇게 말했다고 한다.

"나보단 좀 예쁘게 생겼다."

생각지도 못한 말씀에 월송스님은 말문이 막혀버릴 뻔했는데 이어서 스님은 다시 이렇게 말씀하셨다.

"그래도 뭐, 사람들이 볼 때 포교로 보게 된다면 남기는 것도 괜찮겠지."

훗날 일엽스님이 입적하신 뒤, 화장한 유골을 수습하면서 월송스님은 아무도 모르게 뼛가루 한 줌을 챙겼다고 한다. 형편상 부도탑 건립이 어려웠지만 언젠가 부도탑이 세워지면 그 안에 넣어야겠다는 간절한 마음에서였다. 월송스님은 챙겨온 유골을 편편하게 펴서 초상화 뒤에 넣어 두고 3년을 모셨다.

하지만 부도탑 건립은 기약 없는 일이 되었고, 3년이 지난 뒤 결국 덕숭산에 뿌려드렸다고 한다. 일엽스님의 초상화를 그린 화가는 후에 충남에 있는 윤봉길 기념관에 전시된 윤봉길 의사의 초상화를 그리기도 했다.

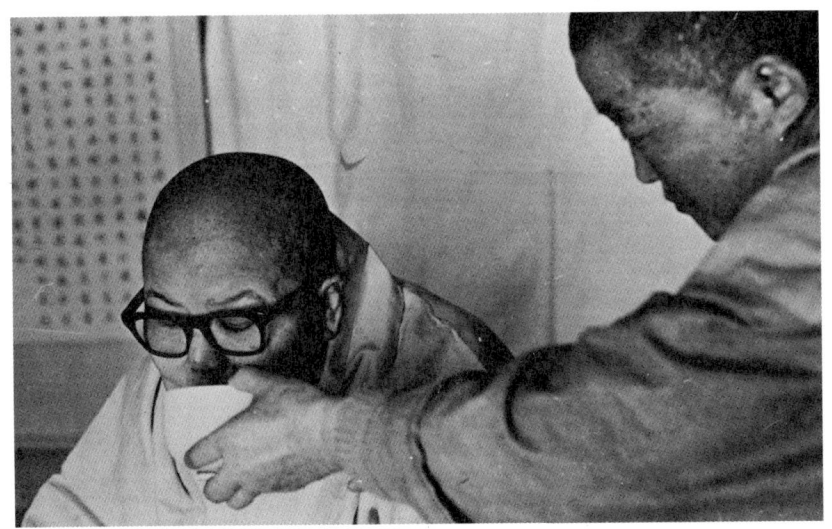

1970년 겨울, 견성암에서 경희스님의 시봉을 받고 계신 일엽스님

완전한 열반

1971년 양력 1월 28일, 음력 설 이튿날 새벽, 일엽스님은 견성암 별실에서 열반에 들었다. 맑은 정신으로 비스듬히 앉은 채 상좌 경희스님이 물 한 잔을 가지러 간 사이에 홀로 열반에 드신 것이다. 벽초스님은 일엽스님의 마지막 모습을 뵙자마자 "스님께서 자유자재하셨다. 조사 열반을 하셨다"고 외쳤을 정도로 평온하고 완전한 열반이었다. 세수 76세, 법랍 43세였다.

일엽스님은 생전에 많은 이들과 교류하고, 많은 법문을 하셨으나 정작 상좌들은 많지는 않았다. 삶이 고달프고 힘들어 산중에 들어온 이들을 받아주었기에 상좌라고 하기 애매한 이들이 더 많았다. 월송스님은 일엽스님의 손상좌였고, 아직 나이도 어렸으며 속가에서도, 불가에서도 장례가 처음이었기에 모든 것이 조심스러웠으나 일엽스님 곁에서 가장 많은 일을 했기에 장례를 주관하게 되었다.

한쪽에서는 손님들에게 줄 도시락을 싸고, 다른 한쪽에서는 일엽스님의 관을 덮을 천에 태극기와 '만卍'자를 수 놓으며 월송스님과 정진스님은 노스승의 열반을 여법하게 모시기 위해 정성을 다했다. 경희스님은 일엽스님이 주석하던 자리에서 49재에 올릴 금강경 사경을 했다. 밤낮없이 정성껏 쓰고 말리며 금강경을 써 내려가는 사이 어느새 2월 1일이 되었다.

2월 1일 오전 10시, 일엽스님의 장례는 전국 비구니장으로 치러졌다. 최초의 전국 비구니장이었다. 월송스님은 벽초스님의 가르침대로 일엽스님이 열반하실 때 입고 계셨던 가사와 장삼 그대로, 염습 없이 입관을 진행했다. 본디 조사 열반이란 그러한 것이라는 벽초스님의 말씀을 그대로 따른 것이다. 같은 날 오후 1시, 덕숭산 다비장에서 봉행된 스님의 다비식에는 춘성스님, 청담스님, 대은스님, 서옹스님, 혜암스님, 벽초스님 등 전국 각지의 스님들이 참석하였다.

최초의 전국비구니장으로 치뤄진 일엽스님 영결식

한 줌의 유골

 월송스님은 연기가 되어 훨훨 날아가는 스님을 보내드리며 유골 한 줌을 몰래 품 안에 챙겼다. 언제가 될 지, 과연 그런 날이 올지 알 수 없었으나 언젠가 일엽스님의 부도탑이 만들어진다면 그 안에 이 세상에 일엽스님이 왔다 가셨음을 증명할 육신의 흔적을 간직하고 있어야 할 것만 같아서 였다.
 49재를 마친 후, 월송스님은 티끌보다 가벼운 한 줌으로 남은 일엽스님의 유골을 초상화 뒤에 잘 봉안했다. 일엽스님의 초상화를 볼 때마다 아이처럼 월송스님의 등에 업혀 '그림이 나보다 좀 예쁘다'고 했던 스승의 목소리가 들리는 듯했다. 노 스승을 업어드렸던 행복한 기억도 한 조각 추억으로만 남았지만 초상화 뒤에 간직한 한 줌의 유골이 월송 스님의 마음을 따뜻하게 위로해주었다.
 세상에 없으나 아주 없지는 않고, 세상에 존재하지 않으나 아예 존재하지 않는 것은 아닌 스승의 흔적은 월송스님에게 또 하나의 의지처가 되었다. 남몰래 품에 간직한 그 한 줌이 있었기에 월송스님

일엽스님의 다비식

은 일엽스님의 열반 3주기가 되는 1974년에는 환희대 앞뜰에 기념 석탑을 건립할 수 있었고, 다시 10년이 지난 1984년에는 일엽스님이 만년에 주석하신 환희대가 기념 도량이 될 수 있도록 원통보전을 건립할 수 있었다. 월송스님이 간직한 일엽스님의 마지막 한 줌은 그렇게 일엽스님을 기릴 수 있는 여법한 터전이 되었다.

최초의 비구니 선사

제자들 특히 덕숭산 환희대 문중의 비구니 스님들에겐 일엽스님이 머무셨던 곳을 기념하는 것도 중요했으나 일엽스님이 진정으로 원하는 것은 전법이었다. 부처님의 진리를 전하는 것 그리하여 중생이 부처님의 진리를 단 한 방울이라도 진정으로 이해하고 받아들여서 내가 나의 주인으로 사는 것, 그것은 '수행자 일엽'의 변치 않는 바람이었다. 비록 일엽스님은 열반했으나 '수행자 일엽'을 세상에 알리고 남기는 것은 불사 이상으로 중요한 일이었다.

당시 월송스님은 몸이 100개여도 모자랄 정도로 일에 허덕이는 상황이었으나 스승의 유고집을 내는 것은 결코 미룰 수 없는 일이었다. 일엽스님이 삼십 년 침묵을 깨고 세상에 낸 책들은 엄청난 화제가 되었다. 하지만 세상 사람들은 수행자 일엽이 아닌 연애 박사이자 신여자인 일엽만 궁금해하며 열광했다. 월송스님은 그것이 못내 늘 마음에 걸렸다. 그렇기에 일엽스님의 유고집은 그 어떤 수행자의 수행록보다 여법해야 했다.

일엽스님은 만공선사의 가르침에 귀의한 이후 누구보다 철저하게 선문의 청정한 규율을 지키며 깊은 신심으로 장좌불와의 용맹정진을 실천했다. 건강 악화로 인해 병원에 입원해야하는 상황이 올 때까지 30년 동안 단 한 번도 산문 밖을 나가지 않고 죽비를 손에서 놓지 않은 채 견성암에서 입승직을 지켰다. 만공스님은 생전에 일엽스님께 인가법문과 함께 도호와 당호를 내리셨다.

荷葉堂 白蓮 道葉 比丘尼
하엽당 백련 도엽 비구니
일엽이 하얀 연꽃처럼 도를 이루는 비구니가 되었도다.

만공스님의 인가법문과 일엽스님의 치열했던 수행과 삶을 낱낱이 드러낸, 처절하리만치 진솔했던 포교 원력을 아신 원담스님과 혜암스님은 망설임 없이 일엽스님을 '일엽선사一葉禪師'라고 공인하신 것이다. 덕숭총림 초대 방장이신 혜암 노스님께서 말씀하셨다.

"그분을 그냥 스님이라고 하면 안 되느니라. 일엽선사라고 하여라."

문학평론가이자 만해 한용운, 윤봉길 등 역사 인물 평전을 쓴 문암 임중빈 선생이 일엽스님의 문집을 펴내는 것을 제안했을 때, 월송스님은 당시 조계종 종정 서옹스님을 찾아가 문집 간행 위원회의 대표를 맡아주십사 간곡히 청했다. 월송스님의 간절한 마음을 본 서옹스님은 바로 수락하시며 간행 주체를 '일엽선사 문집 간행 위원회(대표 서옹 종정)'으로 명명하였다.

일엽선사의 입적 후 3년 동안 원담스님, 혜암스님, 벽초스님, 춘성스님, 운허스님, 대은스님 등 여러 큰스님들과 재가자 박종화, 김팔봉, 유광열, 박인덕, 박순천, 백성욱, 최은희, 정일형 등이 간행위원을 맡아 문집을 만들었다. 그리하여 1974년 가을, 일엽스님 유고집 〈미래세가 다하고 남도록〉 상, 하권이 '일엽선사 문집 간행 위원회(대표 서옹 종정)'에서 문암 임중빈 선생의 인물연구소 간행으로 세상에 나왔다.

월송스님의 손과 마음을 거쳐 탄생한 일엽스님 유고집 〈미래세가 다하고 남도록〉은 종정 서암스님의 증명과 당대의 인물 평론가가 간행했다는 것에서 큰 의의가 있다. 수행자로서의 일엽선사와 역사적 인물로서의 김일엽을 당대 최고가 증명하며 세상에 내놓은 책이기 때문이다.

당대에는 비구니스님에게 '선사禪師'라는 호칭을 붙인 전례가 없었다. 이는 일엽스님이 신여자 김일엽으로 활동할 때도, 비구니 일엽으로 수행할 때도 끝내 허물지 못했던 벽을 넘은 것이었다.

2001년, 새로운 천년이 시작되고 일엽스님께서 입적하신 지 30년이 되던 해가 되었다. 월송스님은 '김일엽문화재단'을 설립하고 일엽스님의 글을 다시 정리하여 한 권의 책을 펴냈다. 수행자 일엽스님의 삶에 가까이 닿아있는 글을 모아 사람들이 더 보기 쉽고, 읽기 편하게 만든 책이 바로 〈일엽선문一葉禪文〉이다.

일엽스님이 열반에 드신 지 30년이 지난 2001년, 월송스님은 문득 생각했다. 일엽스님을 처음 뵈었을 때 일엽스님은 세수 예순이셨고, 〈일엽선문一葉禪文〉이 세상에 나왔을 때 월송스님은 세수 예순이었다. 처음 뵈었을 때의 스승과 동년이 된 월송스님은 문득 일엽스님과 나눈 마지막 대화를 떠올렸다.

"월송아, 네 나이가 몇이냐? 너하고 나하고 나이가 얼마나 차이가 나느냐? 가까우냐 머냐?"

"한참 멀지요, 노스님"

"아니다, 잠깐이니라. 정말 잠깐이다. 그러니 방일하지 말고 공부 열심히 하거라."

스승의 말씀은 30년의 세월이 흐른 후, 가슴 깊이 울림을 남겼다.

세상에 내보인 〈일엽선문—葉禪文〉

미래세를 위한 김일엽문화재단의 설립

일엽스님 열반 3주기를 맞은 1974년, '일엽선사 문집 간행 위원회'가 주축이 되어 일엽스님의 유고 문집 〈미래세가 다하고 남도록〉을 출간되었다. 당시 조계종 종정이셨던 서옹 큰스님은 직접 간행위원회 대표를, 스님과 문인들이 간행위원을 맡았다. 하지만 시간이 흐르는 동안 책은 희귀본이 되었고 스님의 가르침을 구하고자 해도 찾을 수가 없었다. 이에 월송스님은 '김일엽문화재단'에서 가장 먼저 한 것은 바로 〈일엽선문一葉禪文〉을 출간한 것이다.

산문 밖에서는 여류문학가 '김일엽'과 수행자 '일엽스님'에 대한 연구는 여러 학술 단체와 기관에서 끊임없이 이루어졌으나 문학가이자 사상가이며 수행자였던 일엽스님의 사상과 업적을 아우르기란 쉽지 않은 일이었다. 특히 단편적인 연구와 발표는 일엽스님에 대한 일화와 풍문만 부채질할 뿐, 일엽스님의 사상과 심오한 정신세계가 '어떻게' 불교를 만나서 꽃을 피웠으며 '얼마나' 치열하고 투철하게 수행과 정진을 실천하였는가에 대한 체계적인 연구로 이어지기는 부족했다. 아쉬움과 안타까움은 실천의 동력이 되었다. 일세를 풍미한 여걸이자 당대의 문학가였으나 돌연 출가한 여성 김일엽을 넘어 수행자 일엽스님의 선사상과 정신을 모두 바르게 아우르고 계승, 발전시켜 나갈 공식 단체가 반드시 필요하다는 것에 문도들 모두 동의하였고 2010년, 월송스님과 문도들은 힘을 모아 〈김일엽문화재단〉을 설립했다.

스님은 학생 시절 '동생의 죽음'이라는 한글로 쓴 최초의 근대 자유시를 발표할 정도로 감수성을 타고난 문인이었다. 하지만 스님은 글쓰기에 머무는 대신 일본 유학 후 이화학당의 후원을 받아 최초의 여성잡지 '신여자'를 창간하여 여성해방운동을 전개했다. '신여자'를 통해 일엽스님은 순식간에 여성해방운동의 대표주자로 떠올랐다. 스님이 받은 주목이 모두 긍정적이었던 것은 아니었다. 스님의 말과 글은 매번 언론과 유학자들에게는 비난의 대상이 되기도 했다. 분노에 가까운 비난과 손가락질을 받으면서도 스님은 남성과 여성의 갈등을 부추기고, 과격하게 대립하는 것이 아니라 합리적이고 부드러운 방법으로 여성 해방 운동을 전개했다. 스님은 남성과 여성이 함께, 현실을 직시해야 더 나은 방향으로 변화를 만드는 길을 찾을 수 있다고 믿었다.

서로에 대한 이해와 공감을 통해 세상을 바꾸고자 했을 때 매번 벽에 부딪혀야 했던 스님은 만공스님을 만나면서 '세상을 바꾸기 전에 내가 먼저 변해야 한다'는 것을 깨닫고 마침내 생의 이유와 가치

관을 완성한다. 만공스님의 가르침을 통해 '내가 나의 주인으로 사는 길'이야 말로 진리임을 안 스님은 한 치의 망설임 없이 불교에 귀의하여 치열하게 수행하였다. 목사였던 아버지와 기독교 재단의 학교를 나온 스님이 불교에 귀의하는 것은 쉬운 결정은 결코 아니었다. 하지만 불교의 가르침을 통해 어린 시절부터 신앙으로 해결할 수 없었던, 항상 의문이었던 삶의 근본 문제를 마침내 온전히 마주했다. 만공스님의 법문을 듣는 순간, 물러설 수 없는 수행자의 삶이 새롭게 시작된 것이다.

출가 전에도, 출가 후에도 스님은 누구도 먼저 걸은 적 없던 선구자의 길을 걸었다. '최초'라는 수식어는 화려해 보이지만 실은 보이지 않은 길을 걷는 것처럼 막막함을 극복하는 것이기도 했다. 신여자 김일엽의 곁에 뜻을 함께하는 친구들이 있었던 것처럼 수행자 일엽스님의 곁에는 고난과 영광이 함께할 길을 기꺼이 함께 걸어갈 월송스님과 제자들이 있었다. 한 걸음 내딛기 위해 엄청난 용기가 필요한 그 길을 일엽스님은 오롯한 정신으로 갈고 닦으며 걸었고 월송스님이 스승과 함께 꽃씨를 뿌리고 기어코 꽃을 피워냈다. 스승과 제자는 아무도 걷지 않았던 땅을 걸으며 뒤에 오는 이들이 불법의 그윽한 향기를 느낄 수 있도록 길 없는 길을 꽃길로 가꿔냈다.

그 길 위에서 1971년 일엽스님이 열반하신 후 최초의 전국 비구니장으로 장례가 치러졌고, 1974년 열반 3주기에는 일엽스님의 유고집 〈미래세가 다하도록〉을 출간하였으며 스님이 말년에 머물렀던 환희대 앞뜰에 기념 석탑을 건립했다. 1984년 환희대 아래 원통보전을 건립하여 기념 도량 사업의 터를 닦았고 열반 30주기인 2001년에는 〈일엽선문〉 출간하여 만공스님의 가장 출중한 비구니 제자이자 한국 비구니계의 빛나는 별이었던 일엽스님의 삶과 사상이 미래세에도 바르게 계승될 수 있는 토대를 만들었다. 이런 모든 노력의 결실이 바로 2010년 설립된 〈김일엽문화재단〉이다.

2010년 4월 20일 〈김일엽문화재단〉이 설립된 후, 재단의 후원과 동참 속에서 일엽스님에 깊이 있는 연구가 이루어졌다. 2011년 〈김일엽문화재단〉의 이름으로 장학금을 수여하였고, 2012년 〈김일엽선집〉을 후원하였다. 일엽스님의 문학과 학문에 대한 연구도 더욱 활발하고 깊이 있게 이루어졌다. 2013년 〈1930년대 한국불교와 한국문학 세미나〉에서는 '1930년 전후 김일엽선사의 문학과 불교성찰(만공선사와 인연을 중심으로)'를 발표하였고, 2015년 한서대학교 대통령 컨퍼런스홀에서 '제1회 김일엽 학술대회'를 개최하였다.

2019년 〈춘원연구학보 제14호〉에 '1930년대 김일엽 소설의 현실과 치유'를 발표하며 일엽스님의 문학 속에 담긴 시대성과 의미를 찾았고, 2022년 〈불광 569호 – 모던걸, 불교에 빠지다〉에서 '사랑의 구도자 불법의 구도자가 되다 – 일엽스님의 출가 후 삶'을 기고하며 대중적으로 시대의 아이콘이었던 일엽스님의 이름을 크게 알렸으며 2023년 〈근현대 비구니의 삶과 사상〉을 주제로 열린 대행선연구원 제7회 학술대회에서 '김일엽 선禪 사상 고찰'을 통해 수행자 일엽스

김일엽 선사상의 세계화 강연을 겸한 〈어느 수도인의 회상〉 영문판 봉정식 이후
환희대 원통보전 앞에서

중앙 박진영교수와 (왼쪽)월송스님
(오른쪽)김일엽문화재단 경완스님과 세미나 참가자들과 함께

님의 사상을 발표했다.

　일엽스님의 삶과 수행에 대한 연구와 서적 출간을 한국에서 이루어진 것이 아니었다. 2013년 미국 아메리칸대학교 철학 및 종교학과 박진영 교수는 〈김일엽문화재단〉에 스님의 책 〈어느 수도인의 회상〉 영문번역 허가를 요청했다. 이듬해 2014년 〈어느 수도인의 회상〉 영문판 〈Reflections of a Zen Buddhist Nun〉이 김일엽문화재단의 후원을 보태어 박진영 번역으로 하와이대학교출판사에서 간행되었다. 1960년대 일엽스님의 책이 처음 나온 이후 일엽스님의 이름만 마구잡이로 가져가서 엉터리 소설 같은 책들이 쏟아져나왔던 것을 떠올려보면 재단의 정식 허가를 통해 〈어느 수도인의 회상〉 영문판이 출간된 것은 참으로 의미가 있다. 한국 비구니 스님의 책이 영문판으로 출간된 것은 최초였다. 같은 해 〈김일엽문화재단〉 주최로 〈김일엽 선사상의 세계〉 강연을 열었고, 대전 MBC에서는 〈시대의 벽을 넘은 여성 – 김일엽〉이 방송되었다.

　2017년 박진영 교수는 일엽 스님의 영문 평전 〈Women and Buddhist Philosophy : Engaging Zen Master Kim Iryop〉을 하와이대학교출판사에서 출간하였다. 2018년 도서출판 김영사에서 일엽스님의 영문 평전 번역본 출간 계약을 확정하였다. 일엽스님의 영문 평전은 2023년 〈김일엽, 한 여성의 실존적 삶과 불교철학〉이라는 제목으로 우리나라에서 출간되었고 저자 박진영 교수는 같은 해 아시아인 최초로 미국종교학회(American Academy of Religion) 회장이 되었다. '수행자 일엽스님'을 연구해온 박진영 교수가 미국에서 가장 권위 있는 종교학자로 인정받으며 최고 종교학회의 지도자가 된 것이다. 이는 우리의 자랑이자 불교계의 자랑이기도 하다.

내 삶의 주인공을 꿈꾸는 이들이 늘어가는 지금, 일엽스님에 대한 관심과 연구는 앞으로도 계속될 것이고 〈김일엽문화재단〉이 지금까지 해왔던 일보다 앞으로 해야 할 일은 훨씬 더 많아질 것이다. 〈김일엽문화재단〉은 일엽스님에 대한 관심을 학문적으로 발전할 수 있도록 '김일엽문학관'을 설립하고 '김일엽문학상'을 제정할 계획이다. 〈김일엽문화재단〉은 길을 헤매거나 방향을 잃은 이들이 일엽스님의 삶을 통해 자신을 돌아보고 부처님의 가르침에 닿을 수 있도록 대중들에게 다가갈 것이다.

8부. 영화 〈비구니〉

"제가 말씀드린 대로 고치셨습니까? 비구니 스님들께 허락은 받았습니까? 이 대본으로 만드는 것은 절대 안 됩니다. 저는, 찬성할 수 없습니다."

월송스님과 배우 김지미의 인연

〈이차돈의 사死〉 공연 이후에도 일엽스님에 대한 호기심, 포교 법극에 대한 관심은 뜨거웠다가 싸늘해지기를 반복했다. 불사금 모연도 마찬가지였다. 그러던 어느 날, 일엽스님의 책을 읽고 감동했다며 한 노보살이 환희대를 찾아왔다. 월송스님의 어머니뻘 되는 노보살은 일엽스님과 한참 이야기를 나누다가 슬쩍 딸 자랑을 했다. 막내딸이 유명한 배우인데 부처님의 출가 전 아내였던 '야소다라 공주'를 연기했고 석가모니 부처님 역할은 당대의 스타 신영균이 맡았다는 것이었다.

'야소다라 공주'라는 단어에 월송스님의 귀가 번쩍했다. 노보살의 막내딸은 바로 배우 김지미였다. 월송스님은 곰곰이 생각한 끝에 노보살에게 김지미의 연락처를 받았고 얼마 후, 일면식도 없던 여배우에게 전화를 걸었다.

"저는 수덕사 견성암에서 일엽스님을 스승님으로 모시고 공부를 하는 월송이라고 합니다. 듣자하니 영화에서 석가모니 부처님의 속가 아내인 야소다라 역할을 하셨다는데 잠깐 뵐 수 있겠습니까?"

월송스님은 김지미 배우에게 왜 연락을 했을까? 김지미 배우도 월송스님은 도대체 누구인지, 왜 전화했는지 궁금했다. 어쩌면 세세생생 어느 순간, 두 분은 옷깃을 짙게 스친 인연이었는지도 모른다. 어쨌거나 김지미 배우는 흔쾌히 집 주소를 알려주며 만남을 약속했다. 김지미 배우와 처음 만나기로 한 날, 빈손으로 갈 수 없던 월송스님은 북한산을 둘러 가며 곱게 물든 단풍과 갈대를 꺾어서 예쁘게 품에 안았다. 마침 계절은 단풍이 아름다운 가을이었기에 곱게 물든 단풍 사이로 살랑거리는 갈대는 운치가 넘쳤다. 당대 최고의 여배우에게 단풍과 갈대를 선물한 비구니 스님, 동갑내기였던 김지미 배우와 월송스님의 인연은 그렇게 시작되었다.

    1966년, 만 스물여섯의 김지미 배우는 여배우 중 가장 높은 개런티와 인기를 자랑하는 스타 중의 스타였다. 하지만 월송스님과 만났을 때는 상황이 좋지 않았다. 당시 김지미 배우는 최무룡 배우와 함께 살고 있었다. 유부녀와 유부남이었던 두 사람은 영화를 찍으며 사랑에 빠졌고 세상을 요란하게 만든 스캔들 끝에 결국 각각 배우자와 이혼 후 살림을 합친 것이었다. 그후 김지미 배우는 최무룡 배우와 함께 영화 〈한 많은 대동강〉을 직접 제작하고 출연까지 했으나 흥행에 실패하고 만다. 두 사람의 살림집에는 최무룡의 아들과 딸들도 있었다. 당시는 이혼하면 친권과 양육권을 친부親父가 갖는 것이 당연했던 시대였기 때문이다.

  재정적으로도 넉넉하지 않고 마음의 여유가 있기는 어려운 상황이었으나 김지미 배우는 자신을 찾아온 월송스님을 예의를 갖춰 정중하게 대접하였고, 비구니 선원 견성암 불사를 위해 선뜻 시주금을 내주었다. 김지미 배우와 월송스님의 인연은 그 후로도 계속 이어졌고 훗날 월송스님이 일본으로 유학할 때, 유학비와 생활비 등을 적극적으로 후원해주기도 했다.

  월송스님과 친분을 쌓은 뒤, 김지미 배우는 종종 수덕사와 환희대를 찾곤 했다. 김지미 배우는 이혼과 연애 그리고 재혼을 반복하면서도 월송스님과의 인연은 흔들림 없이 지켜갔다. 월송스님이 일본에서 유학할 때, 최무룡 배우와 헤어진 김지미 배우는 연하의 새로운 남자친구와 함께 스님을 만나러 가기도 했다. 그녀가 찾은 새로운 사랑은 바로 가수 나훈아였다. 가수 나훈아 역시 월송스님을 만나고 난 후, 김지미 배우와 함께 수덕사와 환희대를 종종 방문했고 불교와 불교문화에 깊은 관심을 가졌다.

반세기가 지나서야

월송스님과 김지미 배우의 인연은 지금까지도 계속되고 있다. 하지만 모든 시간이 아름답기만 한 것은 아니었다. 월송스님에게는 깊은 상처로 남은 일이 있으니 바로 영화 〈비구니〉 사건이다. 김지미 배우는 연기만큼 영화를 만드는 일에도 진심이었고, 영화계에 영향력도 막강했다. 김지미 배우가 대표로 있는 영화 제작사 '지미필름'에서는 신인 배우를 발굴하여 한국 영화를 제작했는데 지미필름에서 데뷔한 배우 중에는 영화배우 심혜진 등이 있다. 또한 지미필름은 외국 영화를 수입하기도 했는데 외화 히트작으로 〈로보캅〉, 〈마지막 황제〉 등이 있다.

지미필름의 대표작품은 김지미 배우가 기획부터 제작, 주연을 맡은 〈길소뜸, 1985〉, 〈티켓, 1986〉, 〈명자 아끼꼬 쏘냐〉 등이다. 이 중 〈길소뜸〉은 1986년 제22회 백상 예술대회 대상과 작품상을 수상했고, 〈명자 아끼꼬 쏘냐〉는 제30회 대종상 영화제에서 여우조연상, 음악상, 기획상을 수상했고 제13회 청룡영화상 여우조연상을 수상했다. 스타의 한계를 넘어 영화의 기획과 제작, 외국 영화의 수입과 배급 등을 통해 실력과 안목을 보여준 김지미 배우는 한국 영화계에서 독보적인 존재였다.

김지미 배우가 영화 기획자이자 제작자로 인정받을 수 있게 된 것은 〈길소뜸〉이라는 작품을 통해서였다. 〈길소뜸〉은 신인에 가까운 감독과 작가가 함께 만든 작품이었는데, 바로 임권택 감독과 송길한 작가였다. 지미필름에서 만든 두 작품으로 실력을 인정받은 임권택 감독과 송길한 작가는 한국 영화에서 보여줄 수 있는 완전히 새로운 소재와 작품에 몰두했는데 그것은 바로 불교 여성 수행자, 비구니를 소재로 한 영화였다.

임권택 감독과 송길한 작가는 '비구니'라는 소재에 강력한 매력을 느꼈고, 월송스님과 인연이 있는 김지미 배우를 통해 수덕사와 환희대, 견성암을 함께 방문하기도 했다. 그 과정에서 김지미 배우는 영화가 시작되기 전, 수덕사에서 수계를 받고, 삭발했는데 당대 스타의 삭발 소식이 언론에 대서특필되면서 영화 〈비구니〉의 제작은 대중들에게 크게 각인되었다. 임권택 감독과 송길한 작가의 전작 〈티켓〉은 바닷가 티켓다방에서 일하는 여성을 소재로 우리 사회의 어두운 면을 비극적으로 그리며 문제의식을 제기한 작품이었다. 임권택 감독과 송길한 작가가 '비구니'를 소재로 한 차기작을 준비하고 있다는 소식이 전해지자 불교계에서는 월송스님을 비난하기 시작했다.

월송스님은 영화 〈비구니〉에 관여한 바가 조금도 없었다. 다만 김

견성암에서 김지미 배우와 도선스님과 정진스님

지미 배우와의 친분이 있었기에 어느 날 그녀가 임권택 감독과 송길한 작가를 대동하고 환희대를 찾아왔을 때 손님으로 맞이했을 뿐이었다. 하지만 이때 송길한 작가는 이미 〈비구니〉라는 제목의 대본 작업을 마친 후였다. 대본을 들고 환희대로 향하는 길, 덕숭산과 수덕사를 본 임권택 감독의 눈앞에는 연출하고 싶은 그림이 저절로 그려졌고, 송길한 작가 또한 마치 답사를 온 것처럼 많은 영감을 받았다. 예술가들의 머릿속에서 실시간으로 일어나고 있는 일들을 어떻게 알 수 있겠는가. 환희대를 찾은 김지미 배우와 임권택 감독 그리고 송길한 작가는 월송스님께 대본을 건네면서 말했다.

"스님, 이 책이 영화 〈비구니〉 대본입니다."

세 사람의 눈은 반짝거렸으나 월송스님은 가슴이 철렁했다.

"제목부터 옳지 않은 것 같습니다."

표지를 보자마자 무거운 마음으로 운을 떼고 대본을 펼치자 내용은 더욱 심각했다. 수행자로서 도저히 받아들일 수 없는 이야기가 전개되고 있었다. 더는 볼 필요도 없다는 생각에 월송스님은 대본을 덮었다. 그리고 말했다.

"이것은 한 구절도 영화로 나와서는 안 됩니다. 만약 정 하고자 한다면 처음부터 다시 써야 합니다. 그리고 먼저, 비구니 스님들에게 각본을 보여드리고 허락받아야 합니다. 스님들과 비구니 스님들이 이 영화가 우리 불교에 이익이 되고 도움이 된다고 판단했을 때는 만들어도 됩니다. 이 대본으로 영화를 만드는 것은 절대 안 됩니다. 저는, 찬성할 수 없습니다."

무거운 분위기 속에서 자리는 마무리되었고, 얼마 후 월송스님은 유학을 위해 일본으로 떠났다. 스님이 한국에 없는 동안, 임권택 감독과 송길한 작가는 수덕사 주변에 있는 개심사 등으로 촬영장소를 알아보러 다녔다고 한다. 수덕사와 환희대에서는 영화 작업에 반대한다는 의견이 확고했기 때문에 수덕사가 아닌 주변으로 답사를 다닌 것이었다.

    이때 개심사에서는 유명한 배우와 감독이 촬영 허락을 구하자 사찰을 알릴 수 있는 좋은 기회라고 생각해 허락하였고 개심사에서 영화를 촬영한다는 소식을 알렸다. 이러한 자초지종을 알지 못하는 불교계 특히 비구니 스님들 사이에서는 월송스님이 김지미 배우와의 친분을 이용해 영화 〈비구니〉에 깊이 관여를 했을 뿐 아니라 거액의 돈까지 받았다는 소문이 퍼지기 시작했다. 하지만 정작 당사자인 월송스님은 한국에 없었기 때문에 이러한 사실을 전혀 알지 못했다.

    일본에서 머물던 어느 날, 월송스님은 김지미 배우에게 한 통의 전화를 받게 되었다. 임권택 감독은 영화 〈비구니〉를 포기할 수 없었고 김지미 배우는 유일하게 대본을 먼저 보여주었고, 유일하게 반대 의사를 밝힌 월송스님에게 영화 촬영 소식을 알린 것이다.

"스님, 영화를 찍기로 했습니다."

김지미 배우의 말에 월송스님은 잠시 말을 잃었다. 영화 〈비구니〉의 주인공은 기생으로, 전란 중 겁탈당하는 등 힘겨운 삶을 살다가 부처님께 귀의하여 출가 수행자가 되는 이야기였다. 대중에게는 흥미로울 수 있으나 자칫 여성 수행자 전체를 오해할 소지가 있었다. 그래서 월송스님은 처음 대본을 보았을 때, 제목부터 옳지 않으며 일단 먼저 비구니 스님들에게 먼저 보여드리고 불교에서 허락받아야 한다고 했던 것이었다. 대본을 완전히 고치고, 비구니 스님들에게 보여드린 뒤, 이 영화가 불교에 이익이 된다고 허락을 받은 것일까? 이는 불가능한 일이었다. 월송스님은 무거운 마음으로 다시 물었다.

"제가 말씀드린 대로 고치셨습니까? 비구니 스님들께 허락은 받았습니까?"

"고치긴 했습니다."

허락받았느냐는 물음에는 대답이 없었고 '고치긴 했다'는 애매한 말에 월송스님의 가슴은 더욱 무거워졌다. 아니나 다를까. 결국 비구니회의 강력한 항의와 영화 상영 결사반대가 이어지면서 영화 〈비구니〉는 촬영이 중단되고 말았다. 영화 〈비구니〉는 무산되었으나 이미 깊은 상처받은 비구니 스님들은 이러한 상황이 벌어진 원인을 월송스님 때문이라고 단정하였다. 월송스님은 전국 비구니 스님들에게 공공의 적이 되었고, 쏟아지는 비난의 화살을 온몸으로 맞아야 했다.

일타스님의 중재, 극적인 화해와 화합

영화 〈비구니〉 촬영이 중단된 후 비구니 스님들의 상처는 조금도 아물지 않았다. 여성 출가 수행자를 처참하게 그려내어 구경거리로 삼으려 했다는 생각이 들 때마다 상처에 소금을 뿌린 것처럼 더 생생한 고통에 분노는 커졌다. 이대로 모른 척하기에는 아픔이 너무 컸다. 김지미 배우와 임권택 감독 그리고 송길한 작가는 이미 다른 작품을 하고 있으니 지탄의 대상이 되기 애매했다. 비구니 스님들은 월송스님을 향해 일제히 분노의 화살을 당겼다. 아무리 활을 당기고 화살을 날려도 미움과 분노는 사라지지 않았다.

한마디 변명도 없이 분노의 화살을 맞고 있는 월송스님을 위해 나선 분은 바로 일타 큰스님이었다. 사건의 자초지종을 아는 일타 큰스님은 비구니 스님들이 월송스님 한 사람을 일방적으로 비난하는 것을 멈추게 하고 비구니 승가에 분란과 분열이 계속되는 것을 막기 위해 직접 증명 법사를 자처하며 비구니 스님들과 월송스님의 만남을 주선했다. 그러자 분노한 비구니 스님들은 만남을 주선하는 일타 큰스님에게 이렇게 말했다고 한다.

"그년이 오겠습니까?"

"내가 반드시 오게 할 수 있으니 일단 먼저 만나서 이야기를 들어 봐야 한다."

일타 큰스님의 말씀이었기에 비구니 스님들은 월송스님을 만나기로 했다. 하지만 이야기를 들어보고 화해하기 위해서가 아니었다. 직접 얼굴을 보고 비난과 분노를 쏟아내기 위해서였다. 서로 다른 마음이었으나 어쨌든 만남의 날짜와 장소가 정해졌다. 약속한 날짜가 되자 삼백 명이 넘는 스님들이 '천하의 몹쓸 비구니' 월송스님을 성토하기 위해 버스를 빌려 수원 봉녕사로 올라왔다. 일타 큰스님이 비구니 스님들을 향해 말했다.

"월송스님이 잘했든 잘못했든, 죄가 있든 없든 여러 사람이 한 사람을 비난하고 증오하는 것이 계속되면 안 됩니다. 오늘 이 자리에서 마무리해야 합니다."

일타 큰스님의 말씀이 끝나자 비구니 스님들은 일제히 월송스님을 노려보았다.

"제가 본의 아니게 물의를 일으키게 되었습니다. 정말 죄송합니다."

김지미와의 친분을 제외하면 영화와 무관하였으나 교계에 물의의 일으킨 사건에 조금이라도 관련이 있는 사람이라는 책임감으로 월송스님은 비구니 스님들을 향해 사과했다. 월송스님의 말이 끝나기가 무섭게 한 스님이 분노에 찬 목소리로 외쳤다.

"비구니 얘기라던지 이런 거 앞으로 다시는 하면 안 됩니다. 아비지옥에 떨어질 것입니다."

"이제 이 사건은 이것으로 마무리된 것입니다."

일타 큰스님 또한 이 자리를 끝으로 이 사건을 여법하게, 다시는 말이 나오지 않게 마무리해야 한다고 비구니 스님들에게 당부했다. 직접적인 만남을 통해 비구니 스님들의 응어리진 마음을 풀어 월송스님에 대한 오해를 해결하고자 했던 일타 큰스님 덕분에 월송스님을 향한 증오에 가까운 분노와 비난으로 들끓었던 여론은 이렇게 공식적으로 수습되었다. 일타스님과 함께 월송스님을 위해 노력해준 분은 당시 수원 봉녕사 주지였던 묘엄스님이었다.

일타 큰스님은 비구니 스님들에게 생불生佛로 존경받는 비구스님이었다면 묘엄스님은 청담스님의 친딸이자 성철스님의 제자로 비구니 스님들에게 매우 중요한 분이었다. 이 두 스님께서 자비를 바탕으로 중립적인 입장에서 자리를 만들었으니 비구니 스님들은 스님의 마음과 입장을 반드시 헤아리지 않을 수 없었다. 일타 큰스님과 묘엄스님 또한 이를 알았기 때문에 돌이킬 수 없는 상황이 되지 않도록 서둘러 중재를 위해 나선 것이었다. 당시 비구니 스님들의 기세는 일타 큰스님과 묘엄스님마저 비난할 정도로 뜨거웠으나 마지막 순간, 극적인 화해와 화합이 이루어진 것이다.

천하의 몹쓸 비구니

수원 봉녕사에서 월송스님에 대한 비난 여론이 일단락된 상황에서, 월송스님은 서울 청룡사를 가게 되었다. 그런데 청룡사의 비구니 스님 한 분이 서슬이 퍼런 눈으로 월송스님 앞에서 일엽스님의 책 〈청춘을 불사르고〉를 갈기갈기 찢으며 일엽스님에 대한 비난을 쏟아내기 시작했다.

"이년이 이조李朝(조선) 불교를 망친 년이다! 연애하고 지랄하고 온갖 짓을 다 하더니 책까지 내서 연애 이야기를 하여 비구니 얼굴에 먹칠을 했다! 이조 불교를 싹 다 망친 년이다!"

비구니 스님들과 신도들이 구름처럼 모인 자리에서 벼락같은 일이 벌어진 것이다. 월송스님은 비구니 스님의 비난이 끝나기를 기다렸다가 담담하게 말했다.

"오늘 여기 청룡사에 불공을 드리기 위해 모인 분들에게 '너, 어제

저녁에 음행했냐. 도둑질했냐?'고 물어봅니까? 부처님 집에 오신 분에게 지난 과거가 어땠는지 묻지 않습니다. 부처님께 오신 분이면 불자로 받아들이고, 축원해 드릴뿐입니다. 내가 아무리 김지미씨의 지인이라도 그 사람의 과거를 바로잡고, 잘잘못을 가르칠 수는 없습니다. 나는 김지미씨와 지인이지만 영화하고는 전혀 관계가 없습니다."

김지미와는 지인이지만 영화와는 관계가 없다는 말을 월송스님에게서 처음 들은 스님들은 할 말을 잃었다. 부풀려진 풍문을 듣고 추측과 억측으로 쏟아냈던 증오와 비난은 갈 곳을 잃었다. 팽팽한 긴장으로 인하여 고요하게 술렁이던 자리를 부드럽게 마무리한 것은 광우스님이었다. 월송스님의 동국대학교 선배이기도 했던 광우스님이 나서서 말했다.

"월송스님, 이제 종종 이렇게 나와서 얼굴도 보고 이야기도 합시다."

날아오는 분노와 증오의 화살을 월송스님은 비폭력, 무저항으로 맞이하여 상황을 마무리했다. 책을 찢고 폭언을 퍼붓도록 분노가 타오르기까지 진실을 알리고 한 사람은 아무도 없었다. '월송스님이 김지미에게 거액을 받았다더라' '월송스님이 온갖 영화와 이권을 누리기 위해 영화 〈비구니〉에 협조했다더라' 등등 모든 것은 근거 없는 '하더라'에서 커지고 퍼지고 다시 퍼지고 커졌다. 배우를 본 적이 없고, 감독을 만난 적이 없고, 작가를 알지 못하는 모든 비구니 스님들은 월송스님을 단죄하기 위해 성토했다. 전해 들은 이야기를 멋대로 왜곡하며 만들어진 분노와 증오의 불화살은 진실 앞에서 허무하게 꺼져버렸다. 월송스님 앞에서 목숨을 끊어서라도 영화 〈비구니〉에 대하여 기필코 단죄하겠다던 분노는 실로 방향을 잃고 공중에서 산산이 흩어질 수밖에 없었다. 사실이 아니었기 때문이다.

"그때 만약 내가 영화 〈비구니〉에 단 한 글자라도 관여했더라면, 아마 가사 장삼도 다 찢기고 없는 머리카락도 다 뜯겨나갔을 거야. 그 무시무시한 곤욕을 몇 차례나, 몇 년이나 끝없이 당했으나 내가 무사한 것은 떳떳했기 때문이야."

저울에 파리 한 마리가 왔다갔다 해도 눈금이 움직인다는 속담이 있다. 파리 한 마리 무게의 잘못이라도 있었더라면, 티끌만큼의 잘못이라도 있었더라면 월송스님은 결코 떳떳하게 세상을 살지 못했을 것이라고 말한다. 김지미 배우가 은퇴한 후에도 임권택 감독은 비구니를 주인공으로 한 영화를 만들고자 하는 바람을 놓지 않았다. 월송스님에 대한 오해와 비난의 시간은 길었다. 그 시간 동안 역량을 키운 임권택 감독은 결국 비구니 스님이 주인공인 영화를 제작했다.

2017년 제18회 전주국제영화제에서 상영된 영화 〈비구니〉(부분복원판)의 한 장면
제공. 태흥영화

"다만, 임권택 감독은 이 비구니라는 소재에 대한 욕심을 끝내 버리지 못했어. 결국 몇 년 지나서 김지미 배우 은퇴하고 난 뒤에 강수연 주연의 〈아제 아제 바라 아제〉를 찍었지."

임권택 감독이 연출한 고故 강수연 주연의 영화 〈아제 아제 바라아제〉는 무산되었던 영화 〈비구니〉의 완성작으로 평가받는다. 〈아제 아제 바라아제〉는 1989년 제27회 대종상 최우수 작품상, 여우주연상, 남우조연상, 심사위원 특별상을 수상했고 제16회 모스크바 국제영화제에서 최우수 여우주연상, 성조지 동메달(강수연), 성조지 금메달(임권택)을 수상했다. 고故 강수연 배우는 1987년 〈씨받이, 임권택 감독, 송길한 각본〉로 베니스 영화제에서 여우주연상을 수상한데 이어 국제 영화제에서 여우주연상을 수상하면서 명실공히 '월드 스타'의 반열에 올랐다. 그리고 임권택 감독은 이 영화를 통해 '거장'의 행보를 시작했다.

스승이 떠난 지 27년 후
수행자 '일엽선사'의 면모를 담은
〈일엽선문〉을 펴내며
월송스님은 스승에 대한 추억을
마음 깊이 꼭꼭 묻었다.

그로부터 27년 후,
스승과의 보석 같은 시간을 떠올리며
묻어두었던 이야기를
드디어 세상에 꺼내놓았다.

에필로그

나의 스승 일엽스님

일엽스님이 입적하신 후, 월송스님은 스승의 유지를 잊지 않기 위해 서둘러 스승의 흔적을 바르게 정리했다. 스승의 빈자리는 컸고, 스승과의 추억에 연연하는 사이 시간은 흘러갔고 정신을 차려보니 어느새 열반 3주기를 맞이하고 있었다. 더는 미룰 수 없었기에 월송스님은 힘을 모아 스승의 유고집 작업에 매진했다. 월송스님은 스승 일엽스님의 선사禪師다운 면모를 세상에 알리고 싶었다. 그렇게 온 마음을 다하여 완성한 유고집 〈미래세가 다하고 남도록〉이 마침내 세상에 나오자 당대 최고의 스님들이 일엽스님을 '선사禪師'로 증명했고, 저명한 문학가가 일엽스님의 말과 글을 증명했다.

깨끗하게 출간된 유고집을 보면서 월송스님은 문득 스승과 함께 낡은 보따리를 풀어 곰팡이 핀 뭉치 원고를 꺼냈던 것이 떠올랐다. 종이에 빼곡하게 적혀 있던 글을 다듬고, 녹음기 속 일엽스님의 음성을 듣고 또 들을 때마다 스승에 대한 그리움이 울컥울컥 솟구쳤다. 하지만 월송스님은 개인적인 감정을 참고 억눌렀다. 자신의 감정 때문에 일엽스님의 명성에 혹시라도 누가 될까 염려했기 때문이었다.

그래서였을까. 유고집이 출간된 후 스승에 대한 그리움과 기억은 오히려 점점 더 생생해졌다. 스승을 업고 견성암을 오르던 일이며, 초상화를 보여드리며 나누었던 대화들이 어제 일처럼 느껴졌다. 환희대 앞마당에 기념 석탑을 건립하면서는 초상화 뒤에 봉해놓았던 한 줌의 유골을 마음속에 떠올렸다. 아무도 모르게 감춰두었던, 스승의 자취는 지치고 힘들 때마다 위안이 되어 주었다.

기념 석탑 건립 후, 스승의 가르침을 전할 여법한 법당이 있기를 바라는 마음으로 시작한 원통보전 불사를 10년에 걸쳐 완성했을 때는 뿌듯한 마음이 들기도 했다. 만약 일엽스님이 원통보전을 보셨더라면, '월송아, 잘했다. 참 기특하구나.'하고 칭찬을 해주실 것만 같았다. 이처럼 일엽스님과 함께했던 시절에도, 일엽스님이 열반한 후에도 월송스님은 언제나 스승과 함께였다.

월송스님은 열여덟 살에 견성암에서 일엽스님을 처음 만났다. 그때 일엽스님은 예순하나였다. 일엽스님이 입적하시고 33년이 지난 2001년, 월송스님은 처음 만났을 때의 스승과 같은 나이가 되었다. 이해, 월송스님은 일엽스님이 수행자로 살았던 세월과 월송스님이 스승을 모시고 살아온 세월을 함께 담은 〈일엽선문〉을 세상에 내놓았다. 유고집 〈미래세가 다하고 남도록〉 이후 27년 만에 월송스님이 낸 스승의 책이었다.

일엽스님이 입산하신 후 27년 동안 글을 통한 소통을 멈췄던 것처럼, 월송스님 또한 스승에 대하여 하고 싶은 말을 하기 위해 27년을 참았다가 〈일엽선문〉을 세상에 선보인 것이다. 수행자 '일엽선사禪師'를 알리기 위해 월송스님은 〈일엽선문〉을 만드는 내내 스승에 대한 추억은 마음 깊이 꼭꼭 묻어두었다. 그것이 세간에 시선에서 한순간도 자유롭지 못했던 스승의 명예를 지키는 길이라고 믿었기 때문이다.

수행자 일엽스님을 알리고자 했던 간절한 마음은 일엽스님에 대한 학문적 연구와 전집, 영문판 에세이와 평전 출간의 기쁨으로 돌아왔다. 제자들과 문중에서 아무리 애를 써도 세상이 귀를 막은 것 같은 시절도 있었으나 이제는 마음 놓고 스승을 향한 존경과 찬탄을 바라볼 수 있으니 행복한 일이었다. 하지만 그럴수록 홀로 간직해온 스승에 대한 추억들은 마음 밖으로 자꾸만 흘러나왔다.

2014년, 일엽스님의 아들이라고 주장해온 일당스님이 세상을 떠나고, 2015년 일당스님의 딸이라고 주장하는 여인이 갑자기 나타나 환희대와 재단을 요구했던 일이 기각되었을 때 월송스님은 스승의 이야기를 해야겠다고 결심했다.

일엽스님을 바르게 알리려면 일엽스님이 남긴 글을 다시 하나로 정리하는 작업이 필요했다. 먼저 일엽스님이 생존에 발표했던, 이미 절판된 작품집의 초판을 찾아 정리하고 남아있는 저작과 유고집을 보완하고 미발표 원고와 관련된 연구서와 논문을 모두 찾아야 했다. 그렇게 수년에 걸쳐 일엽스님이 남긴 3부작 〈어느 수도인의 회상〉〈청춘을 불사르고〉〈행복과 불행의 갈피에서〉와 아메리칸대학 종교철학과 박진영 교수가 출간한 영문판 〈Women and Buddhist Philosophy : Engaging Zen Master Kim Iryop〉을 번역한 일엽스님의 평전 〈김일엽, 한 여성의 실존적 삶과 불교철학〉을 포함한 총 4권으로 이루어진 〈김일엽 전집〉이 세상에 나오게 되었다.

오랜 기다림 끝에 수행자이자 스승이었던 일엽스님의 이야기를 들려주신 월송스님께 깊은 감사의 마음을 전한다. 덕분에 우리는 아무리 억울하고 괴로워도 다투지 않고, 해명하지 않고, 변명하지 않았던 일엽스님의 가장 인간적이고 선지식다운 성품을 만날 수 있다.

〈꼭꼭 묻어둔 이야기 - 나의 스승 일엽스님〉의 화자이자 일엽스님을 직접 모셨던 손상좌 월송스님의 후기는 지난 2001년, 일엽선사 입적 30주기를 맞아 일엽스님이 주로 입산 후에 쓰신 시송詩頌, 법어法語, 선문禪文을 한데 묶어 도서출판 문화사랑(대표 이기홍)에서 출간한 〈일엽선문一葉禪文〉 후기에 실린 월송스님의 글로 대신합니다.

새 문집을 펴내며

<일엽선문> 후기

내년(2001년)은 일엽 노스님께서 입적하신 지 30년이 되는 해입니다. 제가 손상좌로서 노스님을 처음 뵈온 것이 노스님이 회갑(세수 60세)을 맞으시던 해였으니 어느덧 45년이라는 세월이 흘러 이제는 저도 그때의 노스님과 같은 나이가 되고 말았습니다.

저는 과분한 복으로 노스님과 같은 훌륭한 스승을 직접 모시게 되었고 그 가르침이 너무도 크고 깊었기에 이를 평생 가슴에 안고 살면서 흔들리지 않는 사표로 삼아 왔습니다.

노스님의 법은法恩이 이렇게 막중함에도 불구하고 그동안 허송세월만 하며 그 은혜의 만분의 일도 갚지를 못했고, 더러 유지를 받든답시고 저질러 놓은 몇몇 일들도 잘못투성이라 돌이켜 보면 부끄럽기만 합니다.

그런데도 노스님의 법法을 세상에 널리 알리고 싶은 아둔한 욕심에 또 한 권의 문집을 만들어 세상에 내놓게 되었으니 행여 노스님의 꾸중이나 있으시지 않을까 두렵습니다.

일엽 노스님이 근세 한국 최고의 비구니이자 선사禪師라는 것은 이미 자타가 공인하고 있는 사실입니다. 노스님의 위대하심은 개화기에 선구자적 길을 걸었다는 세속적 위명偉名이나 입산 전에 얻으신 필명筆名에 있는 것이 결코 아닙니다.

노스님은 만공선사의 법하法下에 귀의한 이후로 어느 누구보다도 선문禪門의 청규淸規를 철저히 지키며 깊은 신심으로 장좌불와長坐不臥의 대용맹정진大勇猛精進까지 하셨습니다. 특히 30년 동안 한 번도 산문山門밖을 나가지 않으신 채 입승入繩 직을 지켰던 사실은 전체 불교계에서도 척 드문 일로 그 누구도 하기 힘든 삶을 초월한 의지와 인내의 소산이었습니다.

그로 인하여 배출된 수많은 후학後學이 한국 불교계의 큰 줄기를 이루고 있을 뿐 아니라 덕숭선 수덕사 비구니 총림 또한 비구니 제1의 선원으로 자리 잡게 되었습니다. 스승이신 만공 선사께서 입적하신 뒤에도 항상 혜암, 춘성, 벽초, 대은, 원담, 백성욱, 하동산, 청담, 경산, 운허, 덕산 큰스님 등 제방諸方의 선지식善知識들과 폭넓게 교류하시며 탁마琢磨로 출중한 선지禪旨를 일구어 내기를 게을리 하지 않으셨던 것은 널리 알려진 사실입니다.

또한 중생 교화教化에도 많은 뜻을 두시어 글이나 법문으로, 심지어는 연극까지 기획하는 등 포교에 열熱과 성誠을 다하셨고 말년에 이르러서도 노구를 무릅쓰고 '비구니회관 비구니 총림 선원' 건설이라는 대역사도 이루어 내셨습니다.

이러한 큰 족적이 있으신 만큼 포교를 위한 저서도 많이 남기셨는데, 생전의 원고를 정리해서 펴낸 책들로 〈어느 수도인의 회상〉, 〈청춘을 불사르고〉, 〈행복과 불행의 갈피에서〉 등이 있습니다.

  노스님이 입적하시자 범종단적 차원에서 노스님의 법을 널리 펴고 유지를 정리하여야 한다는 공론이 돌아 당시 종정이셨던 서옹西翁 큰스님께서 직접 나서서 간행위원회 대표를 맡고 지금 산중 방장方丈이신 원담 큰스님을 비롯한 혜암, 춘성, 운허, 대은 큰스님과 사회인으로 박종화, 김팔봉, 유광열, 박인덕, 황신덕, 박순천, 백성욱, 최은희, 정일형 씨 등이 간행위원을 맡아 문집 간행을 시작하게 되었습니다.

  노스님은 이화학당에 다니시던 때부터 문학에 뜻을 두시어 일본 유학을 다녀오신 후 바로 문필생활을 시작하셨기 때문에 입산 전의 산재한 작품들을 모집하는 일은 쉬운 일은 아니었습니다.

  간행위원들의 헌신적인 노력과 협조로 3여 년의 작업 끝에 1974년 11월 드디어 김일엽 문집 〈미래세가 다하고 남도록〉 상·하권을 출간하게 되었습니다.

  그러나 이 문집에 입산 전, 후의 모든 작품을 총망라하여 수록하다 보니 그중에는 입산 전의 연애담 같은 수상록 등이 실려 있어서 선사禪師의 문집에 격이 안 맞는다는 논란이 있기도 하였습니다. 물론 이것은 단순히 지난날을 회고하는 감상적인 글이 아니라, 노스님께서 평소에 강조하셨듯이, 어디까지나 이들을 도구로 삼아 자연스럽게 법문에 접근시켜 중생을 교화하고자 하던 현양매구懸羊賣狗의 방편이요 크신 자비였던 것입니다.

많은 정성을 모아 펴낸 문집이지만 분량이 방대하고 내용에 난해한 부분이 많아 일반인이 접하기에는 다소 어려운 점이 있었고, 또 몇십 년의 세월이 흐르다 보니 자연 희귀본이 되어 이제는 어디에서도 노스님의 법문을 접할 방법이 없게 되었습니다.

3년 전에 노스님의 시집인 〈당신은 나에게 무엇이 되었삽기에〉가 출간되기는 했지만 법문을 다 수록하기에는 부족한 점이 있었고 지금도 신도들이나 일반 서점에서 노스님의 법문에 대한 문의가 많다는 이야기도 있어서 새로운 문집의 출간이 절실한 상황이었습니다.

그래서 노스님의 문도門徒와 법손法孫들이 중지衆智를 모아 입적 30년의 추모사업으로 주로 입산 후에 쓰신 시송詩頌, 법어法語, 선문禪文만을 한데 묶은 선문집禪文集 형태의 새로운 문집을 간행하기로 하였습니다.

만공선사께서는 일찍이 노스님에 대한 인가법문으로 "하엽당荷葉堂 백련白蓮 도엽道葉비구니比丘尼"라는 도호道號와 당호堂號를 내리신 바가 있습니다. "일엽이 하엽荷葉(연꽃)처럼 되었고 성품이 백련과 같으니 도를 이루는道葉 비구니가 되었도다"라는 뜻의 이 법문처럼 노스님께서는 만공 선사로부터 직접 법을 받은 몇 분 안 되는 선사禪師일 뿐 아니라 비구니로서는 거의 유일하다고 할 만큼 평생에 걸쳐 그의 법하法下를 떠나지 않고 수도에 전념하며 만공 선사의 가르침을 가장 철저히 이행하신 분입니다.

  그래서 일엽 노스님께서 입적하시자 산중의 원담, 혜암 두 분 큰스님께서는 '일엽 스님이 선사禪師의 반열에 드셨다'고 공인하시면서 그 당시 문집 간행의 주체를 '일엽 선사 문집간행위원회'라고 명명하셨던 것입니다.

  이런 연유로 이번 문집 또한 〈일엽선문一葉禪文〉이라 이름 지어 조심스러운 마음으로 노스님의 영전靈前에 올립니다. 그러나 이 역시 노스님의 깊은 선지禪旨를 헤아리지 못하여 잘못 옮겨 적는 오류를 범하지나 않았을지 두렵기만 합니다. 끝으로 정성을 다하여 노고를 아끼지 않은 문화사랑 이기홍 사장님께 심심한 감사를 드립니다.

이 문집이 승속僧俗은 고하간에 공부의 좋은 길잡이가 되어 주기를 염원하며 아울러 사부대중과 강호제현의 하교와 질책 있으시기를 바라겠습니다.

덕숭산 수덕사 환희대에서

일엽 문중 손상좌 월송月松 분향焚香 정배頂拜

꼭꼭 묻어둔 이야기
나의 스승 일엽스님

초판 1쇄 인쇄 2024년 9월 10일
초판 1쇄 발행 2024년 10월 2일

구술 월송스님
정리 조민기
사진 김일엽문화재단, 민족사

펴낸이 윤재승
펴낸곳 민족사

주간 사기순 기획편집 정영주
기획홍보 윤효진 영업관리 김세정

디자인 본문 남미영 표지 강초원

출판등록 1980년 5월 9일 제1-149호
주소 서울 종로구 삼봉로 81 두산위브파빌리온 1131호
전화 02) 732-2403, 2404   팩스 02) 739-7565
홈페이지 www.minjoksa.org
페이스북 www.facebook.com/minjoksa
이메일 minjoksabook@naver.com

ⓒ 월송스님 · 조민기, 2024

ISBN 979-11-6869-077-6 03220

○ 책값은 뒤표지에 있습니다. 잘못된 책은 바꿔 드립니다.
○ 저작권법에 의하여 보호를 받는 저작물이므로 무단으로 복사, 전재하거나 변형하여 사용할 수 없습니다.